राष्ट्र गौरव

# रतन टाटा



प्रतीक्षा एम. तिवारी

डायमंड बुक्स

प्रकाशक : डायमंड पॉकेट बुक्स ( प्रा. ) लि.
X-30 ओखला इंडस्ट्रियल एरिया, फेज-II
नई दिल्ली-110020
फोन : 011-40712200
ई-मेल : wecare@diamondbooks.in
वेबसाइट : www.diamondbooks.in
संस्करण : 2024

**Rashtra Gaurav Ratan Tata**

*By : Pratiksha M. Tiwari*

# भूमिका

आज रतन टाटा को कौन नहीं जानता? बच्चा-बच्चा भी टाटा और टाटा की नैनो से वाकिफ है। एक सस्ती और किफायती कार के रूप में नैनो का सपना श्री रतन टाटा ने आम आदमी को दिखाया। कई विवादों के पश्चात अब वह सपना पूरा भी कर दिखाया। नैनो की कीमत मात्र एक लाख रुपये है। न सिर्फ भारतीय औद्योगिक जगत में, अपितु अंतर्राष्ट्रीय औद्योगिक जगत में भी टाटा प्रसिद्ध हैं।

जे.आर.डी. टाटा ने 'टाटा समुदाय' का निर्माण किया था। जे.आर.डी. टाटा ने टाटा समुदाय को शीर्ष पर पहुंचाकर सन 1991 में सेवानिवृत्ति ले ली। तब श्री नवल टाटा के सुपुत्र श्री रतन नवल टाटा ने टाटा समुदाय को विश्वव्यापक बना दिया। 10 जनवरी, 2005 के फोर्ब्स एशिया (बिज़नेस

मैग्जीन) के अंक में रतन टाटा को 'एशिया के बिज़नेसमैन ऑफ दि ईयर' की पदवी से सम्मानित किया गया। रतन टाटा के अंतर्गत टाटा समुदाय ने विश्व में तेज़ी से वृद्धि की तथा कई नई कम्पनियों के जरिये व्यावसायिक और औद्योगिक जगत में धावा बोला।

रतन टाटा, टाटा समुदाय की ही एक कम्पनी 'टाटा संस लिमिटेड' के चैयरमैन हैं। वह टाटा समुदाय की कई अन्य कम्पनियों के भी चैयरमैन हैं। इतना ही नहीं, वह रिजर्व बैंक ऑफ इंडिया के केन्द्रीय परिषद् में भी शामिल हैं। प्रधानमंत्री के परिषद् में उद्योग एवं वाणिज्य में भी वे कार्यरत्त हैं। उन्होंने भारत सरकार के साथ जुड़कर निवेश आयोग का भी निर्माण किया है।

रतन टाटा संपूर्ण विश्व में कारोबारी जगत के मार्गदर्शक हैं। वह मित्सुबिशी कॉरपोरेशन, जे.पी. मोरगन चेज, बूज-एलेन हैमिल्टन इन्क और अमेरिकी अंतर्राष्ट्रीय समुदाय में अंतर्राष्ट्रीय सलाहकारी परिषद् में भी शामिल हैं। वह दक्षिण अफ्रीका के राष्ट्रपति की अंतर्राष्ट्रीय निवेश समिति के भी सदस्य हैं। वह न्यूयॉर्क स्टॉक एक्सचेंज के निदेशकों के दल में भी शामिल हैं। वह एशियाई शान्त नीति के रैन्ड के विभागीय सलाह समिति में भी शामिल हैं।

रतन टाटा अपने निजी जीवन व व्यावसायिक स्तर के दोनों ही पैमानों पर सबके लिए आदर्श स्वरूप हैं। वह भारत में निजी क्षेत्रीय 'सर डोराबजी टाटा ट्रस्ट' और 'सर रतन टाटा ट्रस्ट' नामक जन-कल्याणकारी संस्थाओं के अध्यक्ष हैं। वह फोर्ड फॉउन्डेशन के ट्रस्टी बोर्ड एवं बिल एंड मेलिंडा गेट्स फॉउन्डेशन्स इंडिया एड्स इनिशिएटिव के भी सदस्य हैं।

रतन टाटा का जन्म 28 दिसंबर, 1937 को गुजरात के शहर सूरत में हुआ था। उनके परदादा जमशेदजी टाटा तथा माता-पिता सुन्नू और नवल होरमुसजी टाटा थे। वे बाद में मुंबई जाकर बस गए थे। उनका परिवार अत्यंत प्रसिद्ध एवं समृद्ध था। उनका बचपन काफी संघर्षमय रहा। जब वे सात वर्ष के एवं उनके भाई जिम्मी पांच वर्ष के थे, तब सन 1940 के आसपास उनके माता-पिता अलग हो गए। उन दोनों भाइयों का पालन-पोषण उनकी दादी नवाज़बाई द्वारा हुआ।

रतन टाटा ने मुंबई के कैम्पयिन स्कूल से बारहवीं तक की शिक्षा प्राप्त की। तत्पश्चात अमेरिका के कॉरनेल विश्वविद्यालय से आर्किटेक्चर एवं स्ट्रक्कचरल इंजीनियरिंग की। फिर अमेरिका के ही हार्वेड बिज़नेस स्कूल से एडवांस्ड मैनेजमेट प्रोग्राम में परास्नातक की। इसके पश्चात उन्होंने आई.बी. एम. कम्पनी में कार्य किया। वह सन 1962 में जे.आर.डी. टाटा के ज़ोर देने पर टाटा समुदाय से जुड़ गए।

रतन टाटा ने सबसे पहले जमशेदपुर की टाटा स्टील में काम किया। वहां उन्होंने ब्लास्ट फरनेस पर काम किया। वहां उन्होंने मजूदरों के साथ मिलकर बेलचे से चूना-कंकड़ हटाने का कार्य भी किया। सन 1971 में रतन टाटा को आर्थिक दृष्टि से कमज़ोर नेल्को कम्पनी का अध्यक्ष घोषित किया गया। रतन टाटा ने नेल्को में मंहगे तकनीकी उत्पादों का प्रयोग करने के लिए जे. आर.डी. से कहा। कम्पनी के घाटे को देखते हुए वह उनसे असहमत थे। जब रतन टाटा ने कम्पनी का भार संभाला, तब कम्पनी की बिक्री दर में चालीस प्रतिशत का घाटा था। अब जे.आर.डी. के पास रतन टाटा से सहमत होने अथवा कम्पनी बंद करने के अलावा कोई चारा शेष नहीं था। सो जे.आर.डी. टाटा ने रतन टाटा का अनुसरण किया।

सन 1972 से लेकर सन 1975 तक नेल्को ने आखिरकार घाटे की पूर्ति कर ली, साथ ही विद्युतीय बाज़ार में उपभोक्ता को बीस प्रतिशत की हिस्सेदारी भी मिल गई। सन 1975 में तत्कालीन प्रधानमंत्री इंदिरा गांधी ने आपातकालीन स्थिति की घोषणा कर दी जिससे देश भर में आर्थिक मंदी छा गई। इसका असर कम्पनी पर भी पड़ा। सन 1977 में नेल्को में मांग बढ़ने के साथ-साथ उत्पादन में गिरावट आ गई। तब टाटा ने हड़ताल के कारण कम्पनी को सात माह के लिए ताला मार दिया। परंतु उसके बाद भी कम्पनी को बचाया न जा सका।

रतन टाटा को सन 1977 में टाटा समुदाय की ही एक कपड़ा मिल 'एन्प्रैस मिल्स' सौंप दी गई। इस कम्पनी की हालत भी खस्ता ही थी। रतन टाटा ने कम्पनी में अपना हाथ आजमांकर लाभांश तो दिलाया, परन्तु आधुनिकीकरण के नाम पर कुछ न दिलवा सके। उनकी कम्पनी का कपड़ा काफी रूखा और मध्यम स्तर का सूत का कपड़ा था। परिणामत: इस कम्पनी से बाज़ार ने अपना मुंह फेर लिया जिस वजह से कम्पनी को भारी घाटे का सामना करना पड़ा। टाटा समुंदाय के प्रधान कार्यालय बॉम्बे हाउस ने इस कम्पनी (एम्प्रैस मिल्स) को चलाने के लिए अपनी अन्य कंपनियों से ऋण लेने में अपनी अनिच्छा जताई। फिर अध्यक्ष दल के एक महोदय नानी पाल्खीवाला ने इस कम्पनी को बंद करने का सुझाव दिया। अंतत: सन 1986 में एम्प्रैस मिल्स बंद कर दी गई। रतन टाटा इस फैसले से अत्यंत निराश हुए।

सन 1981 में रतन टाटा को टाटा समुदाय की ही कम्पनी टाटा उद्योग का निदेशक बना दिया गया। इस कम्पनी में उनका उत्तरदायित्व टाटा समुदाय में नए-नए प्रयोगों को करने का सुझाव देना था। साथ ही संस्थापक के रूप में व्यवसाय में नई-नई उच्च तकनीकों का प्रयोग करना भी था।

सन 1991 में जे.आर.डी. टाटा ने अपनी कम्पनी में युवा प्रबंधकर्ता रखने पर ज़ोर दिया। तत्पश्चात रतन टाटा को टाटा समुदाय के अध्यक्ष दल में स्थान मिला। तब से लेकर आज तक टाटा समुदाय ने भारतीय स्टॉक मार्केट के पूंजीवादी बाज़ार में अपना स्थान बना रखा है।

रतन टाटा के निर्देशन में टाटा समुदाय ने टाटा कंसेलटेन्सी सर्विसेज़ को शीर्ष पर पहुंचा दिया। उन्होंने टाटा मोटर्स को न सिर्फ न्यूयॉर्क स्टॉक एक्सचेंज तक पहुंचाया, अपितु सन 1998 में टाटा इंडिका नामक कार का भी उद्घाटन किया।

31 जनवरी, 2007 को रतन टाटा की अध्यक्षता में टाटा संस ने कोरस ग्रुप नामक स्टील और एल्युमिनियम की उत्पादक एंग्लो-डच कम्पनी को अपने अधिकार में ले लिया। इसके साथ ही अब रतन टाटा भारतीय व्यावसायिक जगत की जानीमानी हस्ती बन चुके थे। इस विलयन के पश्चात यह कम्पनी विश्व की पांचवीं सबसे बड़ी स्टील उत्पादक कम्पनी बनकर उभरी।

26 मार्च, 2008 को रतन टाटा के ही निर्देशन में टाटा मोटर्स ने फोर्ड मोटर कम्पनी से ब्रिटिश ब्रांड के जगुआर और लैंड रोवर को 2.3 अरब डॉलर में खरीद लिया।

रतन टाटा ने मात्र एक लाख रुपये में कार का निर्माण करने का सपना देखा था, जिसे उन्होंने 10 जनवरी, 2008 को नई दिल्ली के ऑटो एक्सपो में नैनो को लॉन्च करके पूरा किया। लखटकिया (नैनो) और ममता बनर्जी के प्रसिद्ध सिंगुर विवाद के बाद आखिरकार अप्रैल, 2009 में नैनो अपने तीन मॉडल्स के साथ लॉन्च हो गई। अब कार की बुकिंग चल रही है।

7 अक्टूबर, 2008 को रतन टाटा अपना नैनो प्रोजेक्ट पश्चिम बंगाल से नरेन्द्र मोदी की मदद से सनंद, अहमदाबाद लेकर पहुंच गए। नरेन्द्र मोदी ने उन्हें वहां कम कीमत पर जमीन उपलब्ध कराई, साथ ही ऋण भी दिया। इस तरह रतन टाटा ने आम आदमी से किया अपना वादा निभाया।

रतन टाटा का टाटा संस में स्वयं का अंश मात्र एक प्रतिशत का है, जो करीबन एक अरब अमेरिकी डॉलर के बराबर हैं। टाटा संस में 66 प्रतिशत का हिस्सा जन-कल्याणकारी ट्रस्टों के पास है। इन ट्रस्ट को सहायता राशि टाटा परिवार द्वारा ही प्रदान की जाती है। इनमें से दो ट्रस्ट हैं-सर डोराबजी टाटा ट्रस्ट और सर रतन टाटा ट्रस्ट। आज रतन टाटा विश्व के कुछ अमीर लोगों में से एक हैं।

❑

# अनुक्रमणिका

# 1

# नवसारी

टाटा समूह को भली भांति जानने-समझने के लिए आवश्यक है कि पहले आप उस स्थान के बारे में जाने जहाँ से टाटा घराने का जीवन आरंभ हुआ।

'नवसारी'-गुजरात का वह स्थान जहां से टाटा परिवार का सफर आरंभ हुआ था। भारतीय इतिहास में नवसारी का इतिहास करीबन दो हजार वर्ष पुराना है। ग्रीक भाषा में लिखित इतिहास में 1850 वर्ष पूर्व टोलेमी नामक भूगोलकार एवं खगोलकार ने अपनी पुस्तक में नवसारी के बन्दरगाह का जिक्र किया था।

नवसारी प्रदेश ने भी अन्य सभी प्रदेशों की ही भांति राजनीतिक दृष्टिकोण से काफी उथल-पुथल का दौर देखा है। आज से चौदह सौ वर्ष पूर्व नवसारी प्रदेश में चालुक्य राजवंश का राज था। तत्पश्चात ईरान से पारसियों का यहां प्रवास हुआ और यहां उनका सिक्का चला। पारसी के बाद मुस्लिम शासकों ने यहां शासन किया। उसके पश्चात नवसारी में बड़ौदा के गायकवाड़ का शासन था। भारत की स्वतंत्रता के बाद नवसारी भी स्वतंत्र हो गया तथा गुजरात का एक शहर बन गया।

नवसारी को पारसी-जोराष्ट्रीयन समुदाय पर गर्व है। ब्रिटिश पार्लियामेंट में दक्षिण एशिया से चयनित दादाभाई नारौजी का जन्म नवसारी में हुआ था। नवसारी टाटा समुदाय के निर्माता, जमशेदजी टाटा का भी जन्मस्थान है। पूर्व प्रधानमंत्री इंदिरा गांधी के पति फिरोज गांधी का जन्म भी नवसारी में ही हुआ था।

राष्ट्रपिता महात्मा गांधी एवं उनके अनुसरणकर्ताओं की नमक प्रयाण के लिए डांडी यात्रा भी नवसारी के मार्ग से होकर ही गुज़री थी। उन्होंने डांडी बीच पर नमक बनाकर ब्रिटिश शासकों को अपनी अहिंसा प्रतिरोधक क्षमता दर्शाकर सन 1947 में भारत को पराकाष्ठा पर पहुंचाया था।

❑

# 2

# विशालकाय टाटा परिवार

| टाटा की अध्यक्षता की समयसीमा | |
|---|---|
| • जमशेदजी नुसेरवंजी टाटा | (1887-1904) |
| • सर डोराबजी टाटा | (1904-1932) |
| • सर रतन टाटा | |
| • जे.आर.डी. टाटा | (1938-1991) |
| • रतन एन टाटा | (1991-अब तक) |

- **जमशेदजी टाटा :** सन 1870 के करीब जमशेदजी टाटा ने टाटा समुदाय का गठन किया। टाटा समुदाय के इस संस्थापक ने मध्य भारत में एक कपड़े की मिल से शुरूआत की। उनकी प्रबल कल्पना ने ही उन्हें भारत में ऊर्जा इस्पात उद्योग की शुरुआत करने की प्रेरणा दी।
- **सर डोराबजी टाटा :** सर डोराबजी टाटा जमशेदजी टाटा के सबसे बड़े सुपुत्र थे। उन्होंने अपने यत्नों से अपने पिता की कल्पना को साकार रूप दिया। उन्होंने टाटा स्टील और टाटा पावर नामक उद्योगों को जन्म दिया।
- **सर रतन टाटा :** सर रतन टाटा मानव-प्रेमी थे। उन्होंने मानव कल्याण के लिए, पीड़ित मानव की सहायता हेतु, उनकी उन्नति के लिए ट्रस्ट फण्ड का निर्माण किया।
- **जे.आर.डी.टाटा :** टाटा समुदाय के इस पथ-प्रदर्शक ने सन 1932 में एयर-इंडिया नामक हवाई जहाज प्रारंभ करके उपमहाद्वीप में नागरिक उड्डयन को एक नई दिशा प्रदान की।
- **रतन नवल टाटा :** रतन नवल टाटा, टाटा समुदाय के अध्यक्ष हैं। उन्होंने टाटा समुदाय को विस्तृत कर अंतर्राष्ट्रीय बाज़ार में भी शीर्ष स्थान पर पहुंचाया। लखटकिया नैनो ने इस शख्स को आम आदमी के हृदय में भी स्थान दिलवाया।

# 3

# जमशेदजी नुसेरवंजी टाटा

जमशेदजी नुसरेवंजी टाटा उद्योग जगत का एक ऐसा नाम है, जिसे कभी भुलाया नहीं जा सकता। उनके कुछ अनोखे गुणों के कारण ही उनका रुतबा पूरे उद्योग जगत में था। वे एक सूक्ष्म दृष्टि वाले पथ-प्रदर्शक एवं महात्मा थे। उनमें जो जज्बा था, तब से लेकर आज तक उसी जज्बे और आदर्श के साथ टाटा उद्योग का पालन-पोषण उनकी पीढ़ियों द्वारा हो रहा है। इसी का परिणाम है कि टाटा आज केवल एक कम्पनी न रहकर टाटा समुदाय बनकर कई संस्थानों में फैल चुका है।

जमशेदजी नुसेरवंजी टाटा आधुनिक उद्योग जगत के पथ-प्रदर्शक थे। उनका जन्म भारत के गुजरात राज्य के नवसारी नामक कस्बे में हुआ था। वे टाटा समुदाय के संस्थापक थे। उन्हें 'भारतीय उद्योग का पिता' भी कहा जाता है।

जमशेदजी टाटा का जन्म पारसी धर्म के एक पादरी नुसेरवंजी एवं जीवेरबाई कोवासजी टाटा के घर में हुआ था। वह चार बहनों के एकमात्र भाई थे। उनका जन्म 3 मार्च, 1839 को नवसारी में हुआ था।

जब जमशेदजी टाटा तेरह वर्ष के थे, तब उनके पिता ने बॉम्बे में व्यापार आरम्भ किया। सन 1855 में सोलह वर्ष की आयु में उनका विवाह दस वर्षीय हीराबाई से हो गया। उनके दो पुत्र सर डोराबजी जमशेदजी एवं रतन जमशेदजी थे। एक पुत्री भी थी जिसकी अल्पायु में ही मृत्यु हो गई थी।

सन 1858 में जमशेदजी टाटा अपने पिता के व्यवसाय से जुड़ गए। उसके बाद उन्होंने भारतीय औद्योगिक विकास को शिखर तक पहुंचाने में अत्यधिक योगदान दिया। उन्होंने नागपुर और बॉम्बे में कपड़ों की मिल खोली। वह टाटा लोह एवं इस्पात संस्था (टाटा आयरन एंड स्टील कम्पनी) के भी संस्थापक हैं। आज यह कम्पनी विश्व में इस्पात की सबसे बड़ी कम्पनी है। उन्होंने जलविद्युत ऊर्जा का प्रयोग करके बिजली बनाने का सुझाव भी दिया था। परन्तु उनकी मृत्यु के बाद ही 'टाटा पावर कम्पनीज़' के नाम से यह उद्योग प्रारंभ हो सका। आज मुंबई एवं आसपास के क्षेत्रों में इसी कम्पनी से बिजली सप्लाई होती है।

जमशेदजी नुसेरवंजी टाटा का कोई तोड़ नहीं था और न ही है। भारत में उन्होंने 'सेरीकल्चर' (रेशमी कीड़ों का पालन) की उत्पत्ति की। उन्होंने बैंगलोर में 'इंडियन इंस्टीट्यूड ऑफ साईंस' की स्थापना की। उन्होंने सूत एवं अन्य फसलों की खेती के लिए वैज्ञानिक तकनीकों को अपनाना भी बताया।

## एशिया में टाटा एवं कम्पनी का विस्तार

जमशेदजी टाटा ने सन 1855 से सन 1858 तक बॉम्बे के एल्फीस्टोन कॉलेज से शिक्षा प्राप्त की। उनके अच्छे शैक्षिक प्रदर्शन से प्रभावित कॉलेज ने फीस ही वापस कर दी थी। दिसंबर, 1859 में उनके पिता ने उन्हें अपने व्यवसाय का विस्तार करने हेतु हांग-कांग व्यावसायिक यात्रा पर भेजा। जमशेदजी हांग-कांग में सन 1863 तक रहे। उन्होंने वहां रहकर अपने व्यवसाय के लिए न सिर्फ नए खरीददार बनाए, अपितु कई नए संपर्क भी स्थापित कर लिए। यहीं से टाटा एंड कम्पनी का विस्तरण प्रारंभ हुआ, जिसका बाद में नाम बदलकर टाटा एंड संस रख दिया। जमशेदजी के परिश्रम एवं यात्राओं से उनका व्यवसाय चीन, जापान, पैरिस, लंदन एवं न्यूयॉर्क जैसे अन्य देशों एवं विदेशी शहरों में भी फैल गया।

सन 1863 में जमशेदजी भारतीय बैंक की स्थापना हेतु इंग्लैंड गए। परन्तु उस दौरान भारत में आर्थिक मंदी का दौर था। इस कारण उनका यह

जोखिमपूर्ण कार्य असफल ही रहा। तब टाटा फर्म को भी जबरन दिवालिया घोषित किया जा चुका था। तब अमेकिन सिविल वॉर के वक्त अमेरिका में सूत की कमी हो गई, परिणामतः भारतीय सूत की मांग आसमान छूने लगी। तब उन्हें ब्रिटिश आर्मी एवं भारतीय थल सेना के कपड़े बनाने का करार किया। सन 1871 मे जमशेदजी ने कपड़े की सिलाई, बुनाई एवं इसके उत्पादन को बढ़ावा दिया।

## कारखानों का नव-निर्माण

सन 1872 में जमशेदजी सूत उद्योग के विकास एवं कार्यशैली जानने हेतु इंग्लैंड की लैन्शायर मिल गए। उन्होंने भारत आकर नागपुर में 1 जनवरी, 1877 को 'एम्प्रैस कॉटन मिल' की स्थापना की। इसी दिन महारानी विक्टोरिया को 'एम्प्रैस' की पदवी से सम्मानित किया गया था। इसलिए इस मिल का नाम 'एम्प्रैस मिल' रखा गया।

कुछ समय पश्चात जमशेदजी ने बॉम्बे के पास कुरला में धरमसी कॉटन मिल की स्थापना की। भारत में ब्रिटिश उत्पादों का विरोध करते हुए राजनैतिक हलचल के बाद इस मिल का नाम बदलकर स्वदेशी मिल रख दिया गया। तत्पश्चात इस मिल को काफी लाभ हुआ तथा यहां के उत्पादों का निर्यात चीन, कोरिया, जापान एवं पूर्वी मध्यवर्ती देशों में भी होने लगा।

राष्ट्रीय जीवनी के शब्दकोश के अनुसार जमशेदजी की कपड़ों की मिल्स सभी भारतीय कारखानों में सर्वोत्तम थी। जमशेदजी बड़ी बारीकी से कारखानों के उत्पादन एवं मजदूरों पर सुधार हेतु सूक्ष्म दृष्टि रखते थे। उन्होंने अपने मजदूरों के लिए निश्चित निवृत्ति वेतन, प्रशिक्षण, दुर्घटना-क्षतिपूर्ति, डॉक्टरी इलाज एवं मजदूर स्त्रियों के लिए उनके बच्चों की देखभाल हेतु कई इंतजाम कर रखे थे। उन्होंने सूत की गुणवत्ता सुधारने पर भी ध्यान दिया। उस दौरान भारतीय सूत काफी रुखा था, अतः उन्होंने विदेशों से मुलायम फाइबर, ज्यादा चलने वाला एवं अच्छे गुण वाले भिन्न-भिन्न प्रकार के सूत का आयात करवाया।

मिस्र से भी एक अच्छे प्रकार का सूत आया। यद्यपि भारतीय जलवायु के अनुसार भारत में उसकी पैदावार की कोई आशा नहीं थी, तथापि जमशेदजी ने कृषि वैज्ञानिकों को मिस्र के सूत की पैदावार के लिए पौधा लगाने की सलाह दी। आखिरकार उन्हें सफलता हासिल हुई। इसके बाद तो उन्होंने भारत में मिस्र के सूत के विकास के ऊपर पैम्पलेट्स ही छपवा दिए।

जमशेदजी की कम्पनी का माल जहाज द्वारा भारत से विदेश जाता था। इस जहाजी माल-भाड़े में सारा लाभ उठ जाता था। जिस जहाजी मार्ग से

माल जाता था, वह तीन संस्थाओं के एकाधिकार में था जिनका मूल्य दर काफी अधिक था। जमशेदजी ने जहाज के कम दर हेतु एक जापानी कम्पनी का सहारा लिया। परिणामत: एकाधिकृत कम्पनियों ने जमशेदजी पर धावा बोल दिया। अंतत: जमशेदजी यह साबित कर पाने में सफल रहे कि अत्यधिक मूल्य दर से भारतीय व्यापार को नुकसान हो रहा है। जून, 1896 में मालभाड़ा किफायती दर पर पहुंच गया। तत्पश्चात, जमशेदजी ने भारतीय सूत उत्पादन पर प्रतिबंधित करों का भी भरपूर विरोध किया।

अब जमशेदजी ने औद्योगिक सफलता के लिए औद्योगिक क्रांति को महत्वपूर्ण माना। वह नई तकनीकों का भी प्रयोग करने हेतु अटल थे। उस दौरान भारतीय राज्यों व शहरों को अन्य राज्यों से जोड़ने हेतु रेल-साधन एवं टेलीग्राफ इत्यादि का निर्माण हो रहा था। ऐसे में भारतीय उद्योग को नई ऊंचाई देने हेतु टाटा ने अपने उद्योग को न सिर्फ यातायात साधनों से जोड़ा अपितु उन्होंने लोहा एवं स्टील उद्योग, विद्युत्तीय ऊर्जा उद्योग एवं तकनीकी ज्ञान को भी संयुक्त करने पर विचार किया।

## लोहा एवं इस्पात उद्योग की शुरूआत

सन 1901 में जमशेदजी के मस्तिष्क में लोहा एवं स्टील उद्योग की शुरूआत करने का विचार कौंधा। उस समय लोहे का उत्पादन केवल हस्तकार्यकर्त्ताओं द्वारा ही काफी छोटे स्तर पर होता था। इसके लिए उन्होंने उन अंग्रेज़ एवं अमेरिकन जांचकर्ताओं को नियुक्त किया जो लोहे की जमापूंजी के भारतीय भूविज्ञान से परिचित थे।

उन्होंने स्टील बनाने की तकनीक जानने हेतु यूरोप तथा अमेरिका की यात्रा भी की। वह लोहे की कच्ची धातु को और स्वच्छ बनाकर ऊंचे स्तर के कारखाने में लगाना चाहते थे। इसके लिए उन्होंने अत्याधिक पूंजी निवेश भी किया। उनके देहांत के बाद उनके पुत्रों द्वारा 26 अगस्त, 1907 को कलकत्ता के पास साक्ची में लोहा एवं स्टील उद्योग खुल गया। सन 1911 तक यह कम्पनी कोयले के साथ मिलकर अत्याधिक विकास कर चुकी थी। अब यहां से 70,000 टन प्रतिवर्ष लोहे का उत्पादन होने लगा था।

जमशेदजी ने जल विद्युत्तीय ऊर्जा बनाने हेतु ऋतु-वर्षा का प्रयोग अधिक पैमानों पर करने का सुझाव दिया था। 8 फरवरी, 1911 को बॉम्बे के राज्यपाल ने इस योजना को साकार रूप देने हेतु नींव रखीं। इसके पश्चात जल को एकत्रित करने हेतु नदी में बांध बनाने का कार्य भी प्रारंभ किया गया।

जमशेदजी ने बॉम्बे में ताजमहल होटल का निर्माण भी करवाया था। वह होटल उस समय का सर्वोत्तम होटल था। उन्होंने इस होटल का निर्माण

मुख्यत: विदेशी सैलानियों को आकर्षित करने हेतु बनवाया था। उन्होंने होटल में सुख-साधन के लिए सोडा-बर्फ का कारखाना, कपड़े धोने की मशीन, लॉन्ड्री, इलैक्ट्रिक जनरेटर एवं एलिवेटर भी लगवाए।

## जमशेदजी टाटा : जनकल्याणकारी मानव

जमशेदजी ने बॉम्बे में मजदूरों के लिए उप-नगरीय घरों का निर्माण करवाया। वे अपने लाभांश को लेकर भी काफी उदार थे। उन्होंने नवयुवकों के लिए स्कॉलरशिप भी निकाली। यह स्कॉलरशिप शुरूआत में केवल पारसियों के लिए थी। तत्पश्चात सभी भारतीय नवयुवकों के लिए यूरोप में शिक्षा ग्रहण करने की स्कॉलरशिप निकाली गई। उन्होंने सितम्बर, 1898 में भारत सरकार को वैज्ञानिक शोध का परास्नातक संस्थान खोलने के लिए अपनी चार जमीन, चौदह इमारतें व बड़ी अर्थनिधि दान कर दी। परन्तु उनके जीते जी कोई शैक्षिक संस्थान न बन सका। उनकी मृत्यु के बाद उनके पुत्रों ने बैंगलोर में भारतीय वैज्ञानिक संस्थान बनाया।

उन्होंने भारतीय उद्योग को न केवल सफलता के शिखर पर पहुंचाया अपितु भारत को आर्थिक रूप से आत्मनिर्भर भी बनाया। अब भारत में शासन कर रहे ब्रिटिश शासकों को अपने ऊपर मंडराता हुआ खतरा साफ नज़र आने लगा था। परिणामत: ब्रिटिश सरकार ने भारतीय स्टील उद्योग तथा उपनगरीय घरों का विरोध किया। परन्तु वे टाटा को अग्रसर होने से भी नहीं रोक पाए।

19 मई, सन 1904 में जमशेदजी नुसेरवंजी टाटा का जर्मनी के नौहेम शहर में देहांत हो गया। ईंग्लैंड के वोकिंग शहर में पारसी कब्रिस्तान में उनकी कब्र दफन है। उनकी मृत्यु के पश्चात उनके पुत्रों ने टाटा एंड संस का विस्तार किया। उनके पुत्रों ने जमशेदजी के नाम पर कैंसर शोध हेतु अस्पताल का निर्माण करवाया।

## कल्पनाओं की उड़ान एवं प्रबल दृष्टि

जमशेदजी टाटा न केवल नई तकनीकों का प्रयोग करने हेतु प्रसिद्ध थे, अपितु भारतीय लोग एवं उनकी सोच को एक नई दिशा देने के लिए भी प्रसिद्ध थे। वे अपनी निजी ज़िंदगी में भी कुछ न कुछ नया करते रहते थे। वह मोटर-गाड़ी मुम्बई में चलाने वाले पहले व्यक्ति थे। गाड़ी में रबर के टायर का इस्तेमाल करने वाले पहले भारतीय थे। वह एक साधारण किस्म के इंसान थे। उन्हें जनप्रचार अथवा स्वयं का विज्ञापन करना कतई पसंद नहीं था।

टाटा अच्छे कार्यों के लिए पूंजी दान करते थे। शिक्षा की तरफ उनका खास रुझान था। वह भारत में नई तकनीकों के प्रयोग हेतु अत्यंत उदार थे। वह सामाजिक उद्देश्यपूर्ति हेतु पथ-प्रदर्शक भी थे। सन 1904 में उनका स्वर्गवास हो गया। भूतपूर्व प्रधानमंत्री स्व पं. जवाहरलाल नेहरू के शब्दों में,

'वह आधुनिक भारत के मुख्य संस्थापकों में से एक थे।'

7 जनवरी, 1965 को देश के औद्योगिकीकरण को एक नई पहचान देने के लिए जमशेदजी नुसेरवंजी टाटा की स्मृति में टेलीग्राफ विभाग ने स्टैम्प (टिकट) निकाला।

❑

*टाटा परिवार*
*पीछे की पंक्ति में बाएं से दाएं- छोटा बेटा रतन,*
*जमशेद जी टाटा और नवाजबाई (रतन जी पत्नी)।*
*आगे की पंक्ति में बाएं से दाएं- हीराबाई (जमशेदजी की पत्नी),*
*मेहरबाई (दोराब जी पत्नी) और बड़ा बेटा दोराब।*

# 4

# सर डोराबजी टाटा

सर डोराबजी टाटा ने अपने पिता जमशेदजी टाटा के नक्शेकदम पर चलकर अपने पिता के स्वप्न को पूर्ण किया। उन्होंने टाटा एन्टरप्राइज को बुलन्दियों पर पहुंचा दिया। उनकी आशावादी एवं जिज्ञासु प्रवृति के कारण ही वह सफलता की सीढ़ियां चढ़ सके।

सर डोराबजी टाटा जमशेदजी नुसेखंजी टाटा एवं हीराबाई के बड़े पुत्र थे। उनमें टाटा परिवार से संबंधित होने के कारण पथ-प्रदर्शक, नेतृत्व इत्यादि जैसे गुण स्वत: ही मौजूद थे। अपने पिता की ही भांति वे भी दूरदर्शी एवं प्रबल शक्ति और कल्पना का समागम लिए हुए थे। डोराबजी टाटा बहुमुखी थे। उनमें चुनौतियों का सामना करने की क्षमता एवं परिवर्तनशीलता जैसे गुण कूट-कूटकर भरे हुए थे।

सर डोराबजी टाटा का जन्म बॉम्बे में सन 1859 में हुआ था। उनकी प्राथमिक शिक्षा बॉम्बे के प्रोप्रिएटरी हाई स्कूल से हुई थी। तत्पश्चात इंग्लैंड जाकर घर में ही शिक्षा ग्रहण की। अठारह वर्ष की आयु में उन्होंने कैम्ब्रिज

के गॉनविले एंड कायम कॉलेज से शिक्षा प्राप्त की। उन्होंने क्रिकेट एंड फुटबॉल में कई पुरस्कार भी जीते। सन 1879 में वे भारत आ गए। फिर उन्होंने बॉम्बे के सैन्ट जेवियर्स कॉलेज से शिक्षा ग्रहण की।

सर डोराबजी कुछ समय तक 'बॉम्बे गेजेट' नामक समाचार-पत्र में पत्रकार रहे। सन 1884 में उन्होंने अपने पूर्वजों का कारोबार संभाला। उन्होंने शुरूआत में सूत का कारोबार संभाला। वे अपना व्यापार फैलाने के लिए मैसूर में छानबीन के लिए गए। उन्होंने जल्द ही वहां की सरकार से स्वीकृति लेकर मिल खोलने की तैयारी कर ली।

जमशेदजी टाटा ने डोराबजी को मैसूर में डॉ. होमी जहांगीर भाभा से परिचय बनाने की सलाह दी। वहां सर डोराबजी टाटा को डॉ. भाभा की सुपुत्री मेहरबाई से प्रेम हो गया। सन 1897 में अड़तीस वर्षीय डोराबजी तथा अठारह वर्षीय मेहरबाई का विवाह हो गया।

सर डोराबजी टाटा ने अपने पिता की कल्पनानुसार ही व्यवसाय को अग्रसर किया। उन्होंने अपने लोहे एवं स्टील उद्योग में नए-नए प्रयोग एवं तकनीकों से आधुनिकता प्रदान की। तत्पश्चात उन्होंने लोहे एवं स्टील उद्योग का नाम बदलकर 'टाटा स्टील' कर दिया।

डोराबजी नई-नई चुनौतियों एवं परेशानियों का सामना करने से कभी नहीं घबराएं उन्होंने बिजली उपकरणों के भी नए-नए प्रयोग किए। उन्होंने अपने पिता का जल विद्युत से बिजली बनाने का स्वप्न भी पूर्ण किया। इस उद्योग की स्थापना 'टाटा पावर' के नाम से हुई। 'टाटा स्टील' एवं 'टाटा पावर' आज भी टाटा समुदाय के उद्योग हैं।

सर डोराबजी टाटा ने भी अपने पिता की ही भांति जनकल्याण पर ध्यान दिया। वह अपने मजदूर एवं कर्मचारियों का खांस ख्याल रखते थे। वह अपने सभी उद्योगों पर सूक्ष्म दृष्टि रखते थे। वह अपनी जिज्ञासु प्रवृत्ति एवं प्रबल रुचि के ही कारण शोधकर्ताओं एवं वैज्ञानिकों के साथ लौह की कच्चे पदार्थ का परीक्षण करने जाते थे।

सर डोराबजी टाटा के नेतृत्व में टाटा समुदाय का खूब विस्तार हुआ। अब छोटे-छोटे उद्योगों ने एक विशाल रूप धरकर निजी क्षेत्र की सबसे बड़ी स्टील कम्पनी का रूप ले लिया था। उन्होंने विशाल स्टील प्लांट, तीन हाइड्रो-इलैक्ट्रिक पावर कम्पनीज़, खाद्य तेल एवं साबुन की कम्पनी, दो सीमेंट कम्पनीज़ एवं उड्डयन इकाई का भी निर्माण किया।

डोराबजी ने अपने खेलकूद प्रेम के आधीन होकर भारत में 'ओलम्पिक्स' जैसे खेल की स्थापना करने का कदम उठाया। वह भारतीय ओलम्पिक संघ

के अध्यक्ष भी थे। उन्होंने सन 1924 में भारत को पैरिस ओलम्पियाड में खेलने भेजा। वह अंतर्राष्ट्रीय ओलम्पिक समिति के सदस्य भी थे।

डोराबजी टाटा की पत्नी मेहरबाई की मृत्यु सन 1931 में ल्यूकेमिया से हुई। उन्होंने अपनी पत्नी की स्मृति में 'लेडी टाटा मेमोरियल ट्रस्ट' का निर्माण करवाया। इस संस्था का निर्माण खून की बीमारियों का शोध करने हेतु करवाया गया। उन्होंने सन 1932 में जन कल्याणकारी कार्यों हेतु 'सर डोराबजी टाटा ट्रस्ट' का निर्माण करवाया। मान्यतानुसार डोराबजी ने अपनी संपूर्ण पूंजी इस संस्था में लगा दी।

डोराबजी ने शिक्षण केन्द्रों को भी काफी धनराशि दी है। उन्होंने कैम्ब्रिज विश्वविद्यालय को प्रयोगशालाओं के लिए काफी धन दान दिया। उन्होंने पूना के संस्कृत शिक्षा हेतु 'भंडारकर ओरियंटल रिसर्च इंस्टीट्यूड' की स्थापना के लिए भी धनराशि दान की। उन्होंने अपनी कई कलाकृतियां एवं पेटिंग्स बॉम्बे के 'प्रिंस ऑफ वेल्स म्यूज़ियम' को भी प्रदान की है।

सर डोराबजी टाटा ने टाटा साम्राज्य के विस्तार हेतु विशाल योगदान दिया है। 3 जून, 1932 को जर्मनी के बैड किसिंगन में उनका देहांत हो गया। उनकी एवं उनकी पत्नी की कब्र इंग्लैंड के ब्रुकवुड कब्रिस्तान में सुरक्षित हैं।

❑

# 5

# लेडी मेहरबाई टाटा

लेडी मेहरबाई टाटा का भारत में चले महिला आंदोलन की पथ-प्रदर्शक के रूप में महत्वपूर्ण एवं अतुलनीय स्थान है।

लेडी मेहरबाई टाटा का जन्म बॉम्बे में 10 अक्टूबर, 1879 को हुआ था। 'टाइम्स ऑफ इंडिया' के तत्कालीन संपादक स्टेन्ली रीड के अनुसार–

'मेहरबाई औसत लंबाई की महिला थीं। वह सामान्य मुखाकृति की बड़ी-बड़ी आंखों वाली महिला थीं। उनके मुखमंडल पर अनोखी ही लाली थी। चित्रकार के अनुसार बॉम्बे की भीड़ में भी वह अलग से ही नज़र आ जाती थीं। वह तीव्र बुद्धिमान एवं सर्वगुण संपन्न थीं। वह मैदान में खेले जाने वाले सभी खेलों में निपुण थीं। वह एक कुशल टेनिस खिलाड़ी भी थीं।'

सन 1890 में जमशेदजी टाटा मैसूर के दीवान, सर शेषाद्रि अय्यैर के निमंत्रण पर बैंगलोर गए थे। वह भाभा परिवार से शोध संस्था की स्थापना के दौरान मिले थे। एच.जे.भाभा मैसूर राज्य के शिक्षा-प्रधान निरीक्षक थे। भाभा की सुपुत्री मेहरबाई का विवाह जमशेदजी टाटा के बड़े सुपुत्र डोराबजी टाटा से 14 फरवरी, 1898 को संपन्न हुआ।

मेहरबाई ने कई टेनिस प्रतियोगिताओं में हिस्सा लिया तथा करीब साठ पुरस्कार भी जीते। डोराबजी टाटा के साथ मिलकर उन्होंने पश्चिमी भारत टेनिस प्रतियोगिता में ट्रिपल क्राउन हासिल किये। मेहरबाई एवं डोराबजी ने मिलकर कई ऑल-इंडिया चैम्पियनशिप जीती।

मेहरबाई ने महिलाओं के उत्थान पर भी बल दिया। वह महिलाओं को शिक्षा प्रदान करने के लिए काफी ज़ोर देती थीं। वह बॉम्बे प्रदेश महिला समिति एवं राष्ट्रीय महिला समिति के संस्थापकों में से एक थीं। उन्होंने बाल-विवाह के बहिष्कार पर भी बल दिया। उन्होंने छूत-अछूत एवं स्त्रियों के पर्दा रीति के खिलाफ भी आंदोलन चलाए।

मेहरबाई को महिला शिक्षा हेतु अपने पति सर डोराबजी टाटा का भरपूर

सहयोग प्राप्त हुआ। उन्होंने इस मुहिम की शुरूआत स्थानीय विद्यालय को मॉडल स्कूल बनाने से की। उन्होंने महिलाओं की शिक्षा में सुधार हेतु इंग्लैंड से विशेषज्ञ को बुलवाया। तत्पश्चात सर्वे से तैयार हुई रिपोर्ट को वाइटहॉल के शैक्षिक केन्द्र में महिला निरीक्षकों को कारवाई हेतु सौंपा गया। तब से महिला शिक्षा पर विशेष ज़ोर दिया जाने लगा।

मेहरबाई टाटा ने अपनी पहली आधिकारिक घोषणा से अमेरिका को बैटल क्रीक कॉलेज में भारतीय परिस्थितियों से अवगत करवाया। उन्होंने अमेरिकी दर्शकों को भारतीय इतिहास, कला, धर्म, रीति-रिवाज, भारतीय राज्यों एवं उनके शासकों से परिचित करवाया। इसके साथ ही उन्होंने भारत के विकास में रुकावट बन रही महिलाओं की दयनीय परिस्थिति, यहां की अज्ञानता एवं कुप्रथाओं से भी अवगत करवाया।

मेहरबाई ने युद्ध के दौरान भी अंशदान देकर सक्रिय भूमिका निभाई। उन्होंने भारतीय रेड क्रॉस सोसायटी को अपना उदारतापूर्वक सहयोग देकर अपने सक्रिय सदस्य होने का प्रमाण दिया। सन 1919 में किंग जॉर्ज ने उन्हें ब्रिटिश साम्राज्य की महिला सेनापति के पद से सम्मानित किया।

लेडी मेहरबाई टाटा का स्वर्गवास 18 जून, 1931 को हुआ था। अप्रैल, 1932 में उनकी स्मृति में ल्यूकेमिया जैसे रोगों से छुटकारा पाने के शोध हेतु लेडी मेमोरियल ट्रस्ट का निर्माण करवाया गया। महिलाओं का स्वास्थ्य-विज्ञान के प्रशिक्षण एवं सामाजिक कल्याण हेतु लेडी मेहरबाई डी. टाटा एजुकेशन ट्रस्ट का निर्माण भी करवाया गया।

❑

# 6

# रतनजी दादाभॉय टाटा

रतनजी दादाभॉय टाटा का जन्म सन 1856 में नवसारी में हुआ था। उनकी प्राथमिक शिक्षा नवसारी से हुई थी। तत्पश्चात उन्होंने एल्फीनस्टोन कॉलेज से शिक्षा प्राप्त की। उसके बाद वह कृषि-विज्ञान की शिक्षा ग्रहण करने हेतु मद्रास चले गए। जमशेदजी के छोटे सुपुत्र का नाम भी रतन टाटा था। इसलिए दादाभॉय के मित्र उन्हें आर.डी. कहते थे।

आर.डी. ने पढ़ाई पूरी करने के बाद अपने पिता के कारोबार 'टाटा एंड कम्पनी' में हाथ बंटाया। उस वक्त कारोबार के दृष्टिकोण से उनके हालात ठीक नहीं थे। उन्हें हांग-कांग वाली शाखा का प्रबंधक नियुक्त किया गया।

सन 1876 में आर.डी. के पिता का देहांत हो गया था। उन्होंने कार्य संभाला। सन 1883 में उन्होंने पूरी कम्पनी का कार्यभार अपने ऊपर ले लिया। उन्होंने अपनी काबिलीयत से फर्म में कुछ हेर-फेर करके आर्थिक रूप से इसे सुदृढ़ बनाया। सन 1884 में जमशेदजी टाटा ने उनसे आकर्षित होकर उन्हें अपनी एम्प्रेस मिल्स में शामिल कर लिया। तत्पश्चात सन 1887 में टाटा एंड संस में साझेदारी भी दी।

एम्प्रेंस मिल्स में आर.डी. टाटा सर बेजोन्जी दादाभाई मेहता के सहयोगी थे। जहां सर बेजोन्जी दादाभाई मेहता कंपनी के प्रबन्धन मंडल एवं तकनीकी पक्ष को संभालते थे, वहीं आर.डी. टाटा आर्थिक पक्ष का कार्यभार

देखते थे। जमशेदजी टाटा ने डोराबजी टाटा के साथ मिलकर आर.डी. को यवतमल में रुई धुनने का कारखाना सौंपा। इसके साथ ही उन्हें स्वदेशी मिल का आर्थिक कार्यभार भी संभालना पड़ा। यह मिल आर्थिक रूप से घाटे में थी, परन्तु आर.डी. ने इस मिल को सफल बनाया।

अब नुसेरवंजी टाटा की टाटा एंड कम्पनी से टाटा एंड संस का व्यवसाय काफी भिन्न था। जमशेदजी ने पूर्वी शाखा का कार्यभार पूर्ण रूप से आर.डी टाटा को सौंप दिया। आर.डी. टाटा ने हांग-कांग के शंघाई एवं कोबे में चावल एवं रेशम का कारोबार खोला। उनके मार्गदर्शन से व्यापार चल निकला। तत्पश्चात उन्होंने न्यूयॉर्क और पैरिस में भी शाखाएं खोल लीं। सन 1902 में आर.डी. टाटा ने सुजेन ब्रियरे से प्रेम विवाह रचा लिया।

जमशेदजी टाटा की मृत्यु के पश्चात टाटा एंड संस का नाम सन 1907 में बदलकर टाटा संस एंड कम्पनी रख दिया गया। हांग-कांग स्थित टाटा एंड कम्पनी का संलग्न भी टाटा संस एंड कम्पनी में कर दिया गया। अब कम्पनी के तीन मालिक थे—सर डोराबजी टाटा, सर रतन टाटा एवं आर.डी. टाटा। आर.डी.टाटा ने बॉम्बे के प्रधान कार्यालय में व्यापारिक एवं आर्थिक पक्ष संभाला।

सर रतन टाटा की मृत्यु के पश्चात आर.डी. टाटा ने कई विभागों का संचालन किया। उस समय संपूर्ण विश्व विश्वयुद्ध के परिणामों को भुगत रहा था। ऐसे में उन्होंने टाटा समुदाय का संचालन बड़े ही विवेक के साथ पूर्ण विकसित रूप से किया।

आर.डी. टाटा ने आर्थिक संघर्ष के दौर में भी कभी हिम्मत नहीं हारी। उन्होंने हमेशा मानव एवं सामाजिक कल्याण को ध्यान में रखते हुए कार्य किया। यह उनके व्यक्तित्व की खासियत थी।

आर.डी. टाटा कुछ समय के लिए साम्राज्यवादी वैधानिक समिति के सदस्य भी रहे और बाद में यह उनकी अथाह ऊर्जा एवं दृढ़ निश्चय का ही परिणाम था कि वे लौह एवं स्टील उद्योग को प्राप्त संरक्षण की रक्षा करने में सफल रहे। 1890 में उनकी जापान यात्रा के बाद इस देश के साथ इनके मजबूत संबंधों का प्रभाव भारत-जापान व्यापारिक सम्बन्धों पर भी सकारात्मक रूप से दिखाई दिया। जापान के राजा ने उन्हें 'थर्ड ऑर्डर ऑफ दि राइजिंग सन' (उगते सूरज के तीसरा चरण) की विशिष्टता प्रदान की।

रतनजी दादभॉय टाटा का देहांत 26 अगस्त, 1926 को हार्डेलॉट में हुआ था।

❑

# 7

# सर रतन टाटा

सर रतन टाटा जमशेदजी नुसेरवंजी के छोटे सुपुत्र एवं डोराबजी टाटा के छोटे भाई थे। उनका जन्म 20 जनवरी, 1871 को हुआ था। वह डोराबजी से बारह वर्ष छोटे थे। उन्होंने सैन्ट जेवियर्स कॉलेज (बॉम्बे) से शिक्षा ग्रहण की थी। सन 1892 में नवाज़बाई़ से से उनका विवाह संपन्न हुआ। वे आजीवन नि:संतान रहे।

रतन टाटा एवं उनकी पत्नी नवाज़बाई टाटा विवाह के बाद अपने माता-पिता के साथ 'एसप्लेनेड हाउस' में रहे। जमशेदजी की मृत्यु के पश्चात रतन मैरीन लाइंस के ब्राइटलैंड्स में जाकर निवास करने लगे। संन 1912 में उन्होंने एक राजसी महल का निर्माण करने की योजना बनाई। सन 1915 में राजसी महल बनकर तैयार हो गया। परन्तु वह वहां अपने जीवन का कुछ ही अंश व्यतीत कर पाए।

रतन जी जब तक जीवित रहे उनका जीवन लोगों से मिलते-जुलते हुए बीता। उन्हें घूमने-फिरने का खूब शौक था। उन्होंने अपने जीवन का काफी समय इंग्लैंड में व्यतीत किया। वह इंग्लैंड के उच्च समाज के सम्मानित सदस्य थे। वह लंदन के कार्लटन क्लब के सदस्य थे। सन 1906 में उन्होंने लंदन के पास ट्विकेनहम में यॉर्क हाउस खरीदा। उन्होंने वहां प्राकृतिक भू-दृश्य वाले उद्यान का निर्माण भी करवाया। सन 1896 में वह टाटा एंड संस से साझेदार के रूप में सम्मिलित हो गए।

सन 1904 में अपने पिता के स्वर्गवास के बाद उन्होंने पैरिस की एक यूनियन फायर इन्शोरेंस कम्पनी का कार्यभार संभाला। टाटा एंड संस भारत में इस कम्पनी के अभिकर्ता थे। वह कोर्ब, शंघाई, पैरिस, न्यूयॉर्क एवं रंगून में सर्वांगीण खुदाई से महत्वपूर्ण जैसे टाटा एंड कम्पनी की शाखाओं में सूत, चावल, मोती एवं रेशम इत्यादि का संरक्षण भी कर रहे थे।

सर रतन टाटा स्टील कम्पनी एवं हाइड्रो कम्पनी के कार्यभार एवं उनकी पदोन्नति में भी रुचि लेते थे।

सर रतन टाटा को सामाजिक चेतना का भी पूर्णरूप से ख्याल रहता था। उन्होंने महात्मा गांधी के नेतृत्व में दक्षिण अफ्रीका में चल रहे भारतीयों के संघर्ष को भी जाना। उन्होंने संघर्षमय भारतीयों का समर्थन नैतिक एवं भौतिक रूप से किया। उन्होंने महात्मा गांधी को भारतीयों के समर्थन हेतु 1, 25000 रु. दक्षिण अफ्रीका भेजे।

सर रतन टाटा का राष्ट्रीय हित में किये जा रहे कार्यों में खास रुझान था। उन्होंने गोखले द्वारा चलाई जा रही मुहिम हेतु कुल 1,10,100 रु. की धनराशि दान की।

भले ही रतन टाटा का जन्म भोगाविलास में बीता, परन्तु वह भारत में पनपती गरीबी एवं दरिद्रता तथा इसके सुधार हेतु हमेशा ही चिंतित रहे। सन 1912 में रतन टाटा ने लंदन विश्वविद्यालय को भारत की इस दयनीय स्थिति पर शोध एवं राहत प्रदान करने हेतु आर्थिक सहयोग दिया। पहले विश्वयुद्ध के दौरान इसके संस्थापक के निदेशक एवं अन्य सहायकों को आर्मी से जुड़ना पड़ा। इसी कारणवश लंदन विश्वविद्यालय ने इस समिति का तबादला लंदन स्कूल ऑफ इकोनॉमिक्स में कर दिया। सर रतन टाटा के देहांत के पश्चात भी उनके ट्रस्ट द्वारा इस समिति को सन 1912 से लेकर 1931 तक, उन्नीस वर्षों में कुल 26,600 पाऊंड का दान दिया जा चुका था। करीब बारह पुस्तकों में इस शोध की सूचनाएं प्रकाशित की गईं। सन 1931 के पश्चात भी इस संस्था ने शोधकार्य जारी रखा। इस संस्था की स्थापना के पहले वर्ष में दो आवेदकों का आधिकारिक पदों के लिए साक्षात्कार लिया गया। जिस आवेदक का चयन नहीं हुआ था, वह आगे चलकर अर्थविभाग का कुलपति बन गया तथा जिसका चयन हुआ था, वह प्रधानमंत्री बना। ये दोनों शख्स हग डालटन एवं क्लिमेंट एटली थे।

सन 1912 में रतन टाटा ने लंदन स्कूल ऑफ इकोनॉमिक्स को सामाजिक विज्ञान के विभाग हेतु आर्थिक सहायता प्रदान की। तब विभाग का नाम रतन टाटा डिपार्टमेंट ऑफ सोशल साइन्सेस कहलाने लगा। परन्तु

सन 1919 में लंदन स्कूल ऑफ इकोनॉमिक्स ने सारा दायित्व अपने ऊपर लेकर विभाग का नाम बदल दिया।

सर रतन टाटा को भारत के प्राचीन काल एवं प्राचीन वस्तुओं से भी प्रेम था। सन 1912 में उन्होंने बिहार एवं उड़ीसा को पुरात्व अभियान हेतु आर्थिक सहयोग दिया। डॉ. ए.बी. स्पूनर के निरीक्षण में पाटलीपुत्र में सर्वांगीण खुदाई से महत्वपूर्ण वस्तुओं को निकाला गया। सन 1913 से लेकर सन 1917 तक रतन जी ने इस कार्य के लिए 75,000 रु. खर्च किए। सिक्कों एवं टेराकोटा के अलावा अशोका के महल से मोर्य शासकों के राज सिंहासन की भी खोज की गई। ये सभी कलाकृतियां पटना के संग्रहालय में मौजूद हैं।

सर रतन टाटा दान-पुण्य करने में सदैव ही उदार रहे हैं। उन्होंने बाढ़, अकाल एंव भूकंप जैसी प्राकृतिक आपदाओं के राहत कार्य के लिए सदैव सहायता की। उन्होंने जन स्मारकों, विद्यालयों एवं अस्पताल हेतु भी आर्थिक सहयोग प्रदान किया। उन्होंने दस वर्ष तक किंग जॉर्ज पांच की एंटी-ट्यूबरक्लोसिस लीग को 10,000 रु. प्रति वर्ष दान किए। इस लीग की शुरुआत बॉम्बे के नगरपालिका प्रशासन के स्वास्थ्य अधिकारी डॉ. टर्नर द्वारा हुई थी। इस दानराशि से प्रिंसेस स्ट्रीट में ट्यूबरक्लोशिस से ग्रसित गरीबों का इलाज होता था। उन्होंने करीबन एक लाख रुपये आर्मी के रख-रखाव के लिए दिए।

उनके विविध कार्यों के लिए सन 1916 में उन्हें योद्धा की उपाधि से नवाज़ा गया।

वह कला के परीक्षक थे। उन्होंने विभिन्न देशों से चित्रकारी, बन्दूकें, तलवारें, चांदी का सामान, हस्तकृति, मरियल घोड़े, कालीन एवं पत्थरों का संग्रह किया। यह सब संग्रहित वस्तुए बॉम्बे के प्रिंस ऑफ वेल्स म्यूज़ियम में सुरक्षित हैं।

मार्च, 1916 में सर रतन टाटा अपनी पत्नी लेडी नवाज़बाई टाटा के साथ चीन और जापान की यात्रा पर गए थे। वहां से वापस आने पर उनकी तबीयत खराब हो गई। तत्पश्चात उनकी बिगड़ती हालत देखकर डॉक्टर्स ने उन्हें इंग्लैंड इलाज के लिए भेज दिया। 16 अक्टूबर, 1916 को वह अपनी पत्नी एवं सचिव संग पानी के जहाज के रास्ते इंग्लैंड के लिए रवाना हो गए।

उनका जहाज विशाल पत्थर से जाकर टकरा गया। सभी यात्री सुरक्षित बच गए। परन्तु रतन टाटा की हालत और बिगड़ती चली गई। कॉर्नवॉल के सेंट आइविस में 5 सितम्बर, 1918 को उनका देहांत हो गया। उनकी कब्र लंदन के पास ब्रुकवुड कब्रिस्तान में ही दफन है।

सर रतन टाटा की जायदाद का अंधिकतर हिस्सा कल्याणकारी कार्यों में ही दे दिया गया। ❑

# 8

# लेडी नवाज़बाई टाटा

नवाज़बाई आर्दीशिर मेखंजी सेत की छोटी सुपुत्री थी। नवाज़बाई का जन्म 23 सितम्बर, 1877 को हुआ था। वह भारत में आए ईरानी शरणार्थियों के ही एक परिवार नीरियोसंग धवल से संबंध रखती थीं। नवाजबाई घुड़सवारी एवं पोलो खेलने में निपुण थीं।

सन 1890 के करीब नवाज़बाई ने सर रतन टाटा से विवाह रचा लिया। सर रतन टाटा एवं लेडी नवाज़बाई टाटा का इंग्लैंड के अभिजात्य वर्ग में खास उठना-बैठना था। यह दोनों किंग जॉर्ज पांच एवं क्विन मैरी के खास दोस्तों में से एक थे।

सर रतन टाटा एवं लेडी नवाज़बाई, दोनों ही कलाकृति के परीक्षक थे। उन्हेंने विश्व भर से प्राचीन कलाकृतियों, [illegible]ियल घोड़ों एवं चित्रकलाओं का संग्रह किया। वे इस संग्रह को बॉम्बे [illegible]स्थित अपने आलीशान राजसी महल में सुरक्षित रखना चाहते थे।

सन 1906 में सर रतन टाटा ने लंदन से कुछ दूरी पर स्थित ट्विकेनहम में यॉर्क हाउस खरीदा। उन्होंने उस बंगले के उद्यान, इटैलियन फव्वारों एवं मूर्तिकला को बदलवाया। नवाज़बाई ने सन 1924 में यह बंगला बेच दिया।

नवाज़बाई मात्र इकतालीस वर्ष की आयु में ही विधवा हो गई। रतन टाटा की मृत्यु के पश्चात उन्होंने अपना बाकी का जीवन सम्मान एवं सौन्दर्य के साथ टाटा हाउस में व्यतीत किया।

सर रतन टाटा की मृत्यु सन 1918 में हुई थी। उनकी मृत्यु के पश्चात टाटा संस के अध्यक्ष दल में नवाज़बाई को भी निदेशक के पद पर नियुक्त किया गया। लेडी नवाज़बाई टाटा ने यह पद ताउम्र संभाला। वह टाटा संस के निदेशक एवं अध्यक्ष दल में शामिल एकमात्र एवं पहली महिला थी। उनकी मृत्यु 20 अगस्त, 1965 को हुई।

लेडी नवाज़बाई टाटा ने जमशेदपुर स्थित राष्ट्रीय धातु विज्ञान शोध संस्थान हेतु सर रतन टाटा ट्रस्ट को दिल खोलकर दान दिया।

सन 1928 में उन्होंने सर रतन टाटा इन्सीट्यूट का निर्माण करवाया। इस संस्थान में गरीब एवं ज़रूरतमंद महिलाओं को प्रशिक्षण के साथ-साथ रोज़गार के अवसर भी प्रदान किये जाते थे। उन्होंने कभी जाँत-पाँत, धर्म इत्यादि के माध्यम से भेदभाव नहीं किया।

नवसारी में स्थित जमशेदजी एवं सर रतन टाटा और नवाज़बाई टाटा का विशाल घर नवसारी स्पोर्ट्स एंड रिक्रियेशन क्लब को सौंप दिया गया।

सर रतन टाटा का स्वर्गवास सन 1918 में एवं लेडी नवाज़बाई टाटा का स्वर्गवास सन 1965 में हुआ था।

❑

**9**

# नवल होरमुसजी टाटा

नवल होरमुसजी टाटा का जन्म 30 अगस्त, 1904 को बॉम्बे के मध्यम वर्गीय परिवार में हुआ था। सन 1908 में जब वह मात्र चार वर्ष के थे, तब उनके पिता का देहान्त हो गया था। नवल के पिता अहमदाबाद की एक एडवांस्ड मिल में सूत कातते थे। उनके पिता के देहांत के पश्चात इस त्रासदीपूर्ण-घटना ने उनके परिवार को अपाहिज कर दिया था। उस दौरान आश्रित परिवारों को ग्रेच्युटी एवं प्रोविडेंड फंड इत्यादि नहीं दिया जाता था। ऐसे में उनकी विधवा मां का चार बच्चों का पालन-पोषण करना किसी अग्नि परीक्षा से कम नहीं था।

इस परिवार को कुछ माह के लिए रिश्तेदारों द्वारा कुछ आर्थिक राहत प्रदान की गई। तत्पश्चात उन्हें नवसारी के जमशेदजी टाटा से भी मदद मिली। अंततः होरमुसजी अपनी माता एवं तीन भाइयों के साथ सूरत जाकर बस गए। उनकी मां वहां कढ़ाई का काम करने लगीं। इस कार्य में वह श्रेष्ठ थीं।

नवल के पिता के चचेरे भाई सर डोराबजी टाटा की सहायता से उनके दो भाइयों को पेटिट पारसी अनाथालय द्वारा छात्रावास विद्यार्थी के रूप में रख लिया गया। सन 1916 में दो भाइयों के वहां होने के कारण नवल को निःशुल्क ही छात्रावास में स्थान मिला।

निश्चित रूप से इतने कम बजट में करीबन सौ ग़रीब बच्चों का भोजन, वस्त्र एवं स्वास्थ्य का इंतजाम सही रूप से हो पाना संभव न था। सभी

बच्चों को तीन हफ्ते के अंतराल पर विक्टोरिया गार्डन्स ले जाया जाता था, केवल तभी बच्चे खुली हवा में सांस ले पाते थे।

यहीं से इस बच्चे की उत्कृष्ट सफलता की कहानी प्रारंभ होती है। नवल धैर्यवान, दृढ़-निश्चयी एवं सभी मानव गुणों से परिपूर्ण थे।

जमशेदजी टाटा ने हीराबाई से विवाह किया था। हीराबाई की बहन कुवरबाई ही नवल की दादी थीं। जमशेदजी के सुपुत्रों, सर डोराबजी एवं सर रतन टाटा का कोई वंशज नहीं थे। तब रतन टाटा की पत्नी नवाज़बाई ने नवल को अनाथालय से गोद ले लिया था।

नवल को गोद कुछ भयावह परिस्थितियों में लिया गया था। सन 1918 में सैंतालीस वर्ष की आयु में सर रतन टाटा का देहांत हो गया था। एक दिन सर डोराबजी की प्रधानता में हुई भेंटवार्ता में उथम्ना उत्सव मनाने के लिए एक बच्चा गोद लेने का निर्णय लिया गया। सर रतन टाटा को उनकी सभी बहनों में नवल की मां अति प्रिय थीं। अत: नवल को गोद ले लिया गया।

नवाज़बाई नवल को अनाथालय से निकालकर अपने घर पर रखना चाहती थीं। चूंकि नवल वहां नि:शुल्क रह रहे थे, इसलिए नियमानुसार उन्हें दसवीं कक्षा तक छांत्रावास में ही रहना पड़ा।

तेरह वर्ष की आयु में नवल को गोद ले लिया गया। अब वह एक अत्यंत समृद्ध परिवार का चिराग हो गए थे। तत्पश्चात नवल ने बॉम्बे विश्वविद्यालय से अर्थशास्त्र में स्नातक की उपाधि हासिल की। फिर लंदन से एकांउटेंसी का कोर्स किया। वापस आने के पश्चात 1 जून, 1930 को उन्होंने डेढ़ सौ रुपये की मासिक आय पर टाटा संस्थान में संदेश भेजने वाले बाबू एवं सहसचिव के पद पर कार्य प्रारंभ कर दिया।

जल्द ही नवल को टाटा संस लिमिटेड का सह-सचिव बना दिया गया। सन 1933 में उन्हें उ्डयन विभाग का सचिव भी घोषित कर दिया गया। पांच वर्ष पश्चात वह कपड़ा विभाग के प्रशासक भी बन गए।

सन 1939 में नवल टाटा को टाटा की टेक्सटाइल मिल्स का संयुक्त प्रबंध निदेशक घोषित कर दिया गया। नवल 1 फरवरी, 1941 को टाटा संस लिमिटेड के निदेशक बन गए। सन 1948 में वह टाटा ऑयल मिल्स कॉर्पोरेशन लिमिटेड के प्रबंध निदेशक हो गए। सन 1947 में वह टाटा मिल्स के अध्यक्ष बन चुके थे।

कुछ ही वर्षों में वह कई कपड़ा मिलों एवं तीन विद्युत्तीय कम्पनी के अध्यक्ष बन चुके थे। अब इन मिलों एवं कम्पनियों के अलावा सर रतन टाटा ट्रस्ट पर भी उनका पूर्ण अधिकार था। अत्यधिक कार्यभार होते हुए भी उन्होंने अपने सहयोगियों एवं कर्मचारियों के सामने कभी आपा नहीं खोया,

हमेशा ही वह शिष्ट व्यवहार करते थे। अपनी इसी विशेषता के कारण वह अपने सहयोगियों के करीब थे।

नवल अत्यंत व्यस्त होने के बावजूद भी लोगों से मिलने का वक्त भी निकाल ही लेते हैं। उन्हें टाटा कम्पनीज़ के बजाय विभिन्न चैरिटी ट्रस्टों के प्रशासक के तौर पर कार्य करना अधिक भाता था। जब कभी कोई सहयोगी अस्वस्थ होता था, तो वह उसे अपनी देखभाल के लिए कहते थे, कभी-कभी छुट्टी भी देते थे। अक्सर वह उन्हें उपचार हेतु सलाह भी देते थे। वह अपने स्वास्थ्य को लेकर भी काफी सतर्क रहते थे, परन्तु फिर भी वह कैंसर से पीड़ित हो गए। व्यंग्यपूर्ण बात यह रही कि वह पिछले तीस वर्षों से भारतीय कैंसर समाज के कल्याण हेतु उससे जुड़े हुऐ थे।

उनके शिष्ट व्यवहार का प्रमाण अजनबियों पर भी दिखता था। यदि विदेश में कोई उनका सामान तक उठा लेता था तो नवल उनका नाम पता लेकर वापस आकर बॉम्बे से उन्हें धन्यवाद पत्र लिखते थे।

नवल की उदारवादी सोच का प्रमाण विभिन्न प्रकार से स्पष्ट हो जाता है। वैसे तो वह अरूढ़िवादी थे, परन्तु उनका बल धार्मिक पद्धतियों से अधिक धर्मों पर था। वह लोगों को नैतिकता एवं विनयपूर्वक व्यवहार करने के लिए प्रेरित करते थे। सभी धर्मों के प्रति उनका सर्वदेशीय दृष्टिकोण था।

उन्होंने स्वयं को केवल औद्योगिक नीतियों की सूचनाएं एकत्रित करने तक सीमित नहीं रखा, अपितु वैश्विक सूचनाएं एकत्रित करने पर भी खूब ध्यान दिया। वह यू.एन. एजेन्सी इत्यादि की पुस्तकें भी खूब पढ़ते थे। वह एक शाकाहारी थे।

नवल होरमुसजी टाटा कई वर्षों तक भारतीय कर्मचारी संघ के अध्यक्ष भी रहे। वह सेवानिवृत्ति के बाद भी इस समिति के 'प्रेसीडेंट एमिरिटस' के पद पर आसीन रहे। सन 1966 में वह केन्द्र सरकार द्वारा बनाई गई मजदूर परिषद के योजना आयोग के सदस्य भी थे।

नवल टाटा ने भारतीय वैज्ञानिक संस्थान, बॉम्बे राज्य सामजिक कल्याण समिति, स्वदेशी लीग एवं राष्ट्रीय सुरक्षा समिति में भी कार्य किया है। वह भारतीय कैंसर समाज के सभापति भी रहे। वह सहायक बल कल्याण संघ के अध्यक्ष भी रहे। वह कई कल्याणकारी ट्रस्ट के ट्रस्टी भी थे।

नवल होरमुसजी टाटा को सन 1969 में तत्कालीन राष्ट्रपति द्वारा पद्म भूषण से सम्मानित किया गया था। सन 1969 में ही उन्हें औद्योगिक शांति का प्रसार करने हेतु सर जहांगीर मैंडी मेडल से सम्मानित किया गया। उन्हें भारतीय संस्थान के कर्मचारी प्रबंधन में आजीवन सदस्यता प्रदान की गई। 5 मई, 1989 में उनका स्वर्गवास हो गया। ❑

# 10

# जे.आर.डी. टाटा

जे.आर.डी. टाटा का जन्म सन 1904 में पैरिस में हुआ था। जे.आर.डी. टाटा की शिक्षा फ्रांस, जापान एवं भारत में हुई थी। उन्होंने सन 1922 में टाटा संस लिमिटेड में सहायक के रूप में कार्य प्रारंभ किया। उन्हें सन 1926 में टाटा कम्पनी का निदेशक बना दिया गया। सन 1938 में उन्हें उनके पिता आर. डी. टाटा की मृत्यु के पश्चात टाटा समुदाय का अध्यक्ष घोषित कर दिया गया।

जे.आर.डी. टाटा ने भारतीय औद्योगिक विकास हेतु अपने जीवन के करीब तिरपन वर्ष दिए हैं। वह कई वर्षों तक टाटा संस के अध्यक्ष रहे। तत्पश्चात 25 मार्च, 1991 को रतन नवल टाटा को परिषद् ने अपना अध्यक्ष चयनित किया।

जे.आर.डी. टाटा देश के पहले विमान चालक थे। मार्च, 1929 से ही उनके पास विमान चालक का लाइसेंस था। सन 1952 में उन्होंने भारत की

पहली राष्ट्रीय परिवाहक (उड़ान) 'टाटा एयरलाइंस' की स्थापना की। इस एयरलाइन की पहली यात्रा कराची से बॉम्बे की थी। सन 1946 में 'टाटा

एयरलाइंस' का नाम बदलकर 'एयर-इंडिया लिमिटेड' रख दिया गया। जे.आर. डी. टाटा ने सन 1948 में 'एयर इंडिया इंटरनेशनल लिमिटेड' की स्थापना भारत सरकार के साथ मिलकर संयुक्त रूप में की। इस उड्डयन विमान के राष्ट्रीकरण तक वह प्रशासकीय अध्यक्ष रहे।

टाटा के आग्रह पर भारत सरकार ने राष्ट्रीय उड़ान के लिए 'इंडियन एयरलाइंस' एवं अंतर्राष्ट्रीय उड़ान के लिए 'एयर इंडिया' नामक विमान यात्राएं प्रारंभ कर दीं। फरवरी, 1978 तक वह एयर इंडिया के अध्यक्ष पद पर आसीन रहे।

जे.आर.डी. टाटा को उड्डयन के क्षेत्र में कई पुरस्कारों से सम्मानित भी किया गया है। सन 1948 में उन्हें भारतीय वायु सेना का अवैतनिक सामुदायिक सेनापति घोषित किया गया था। तत्पश्चात सन 1966 में उन्हें भारतीय वायु सेना का ऑनरी एयर कमोंडोर बना दिया गया। उन्हें कई अंतर्राष्ट्रीय पुरस्कारों से भी नवाज़ा गया। उन्हें मार्च, 1979 में टोनी जैनस एवार्ड मिला। सन 1985 में अंतर्राष्ट्रीय विमान चालक संघ का स्वर्ण वायु पदक, सन 1986 में कनाडा के अंतर्राष्ट्रीय नागरिक उड्डयन संस्थान की ओर से एडवर्ड वार्नर एवार्ड एवं सन 1988 में डैनियल गगैनहिम एवार्ड से सम्मानित किया गया।

जे.आर.डी. टाटा को भारत में देश का सर्वाधिक प्रसिद्ध एवं साहसिक नागरिक माना जाता था। उन्होंने अपनी कार्यावधि के दौरान मशीनों से अधिक मजदूरों एवं कर्मचारियों के रख-रखाव पर बल दिया। परिणामत: उनके कर्मचारियों एवं प्रबंधन वर्ग में एक सुदृढ़ रिश्ता कायम होने से कई नई कम्पनियों एवं संस्थानों का निर्माण हुआ।

जे.आर.डी. टाटा जिस दौरान टाटा संस के अध्यक्ष बने थे, उस दौरान टाटा समुदाय के पास चौदह कम्पनियाँ थीं। उनकी अध्यक्षता में 26 जुलाई, 1988 तक टाटा समुदाय के पास करीब 95 कम्पनियां हो चुकी थीं। यथा-ऊर्ज़ा, होटल, इंजीनियरिंग, कंसेलटेन्सी सवर्सिज़, सूचना तकनीक, उपभोक्ता माल, स्थायी उपभोक्ता, औद्योगिक उत्पादन इत्यादि।

जे.आर.डी. टाटा की रुचि राष्ट्रीय हित हेतु कार्य करने में भी थी। उन्होंने परिवार नियोजन एवं जनसंख्या नियंत्रण हेतु भी कार्य किया। उनके योगदान के लिए उन्हें सन 1992 में यू.एन. पाप्यूलेशन एवार्ड से भी सम्मानित किया जा चुका है। वह परिवार नियोजन संस्थान के संस्थापक एवं अध्यक्ष थे। उन्होंने भारत में महिलाओं एवं बालकों की शिक्षा एवं साक्षरता पर अधिक बल दिया।

उन्होंने विज्ञान में अपनी खास रुचि के कारण टाटा इसीट्यूट ऑफ फंडामेंटल रिसर्च की स्थापना की। वह परमाणु ऊर्जा संबंधी आयोग के सदस्य रहे। वह बैंगलोर के भारतीय वैज्ञानिक संस्थान के अध्यक्ष भी थे। वह राजाजी

जनकार्य एवं प्रशासन संस्थान की प्रशासकीय समिति एवं सरकारी समिति में भी शामिल थे।

जे.आर.डी. टाटा सर डोराबजी टाटा ट्रस्ट, जे.आर.डी. टाटा ट्रस्ट एवं जमशेदजी टाटा ट्रस्ट के सभापति थे।

जे.आर.डी. टाटा को राष्ट्रीय एवं अंतर्राष्ट्रीय स्तर पर कई पुरस्कारों एवं उपाधियों से सम्मानित किया जा चुका है। यथा–पद्म विभूषण, फ्रेंच सैन्य-दल की प्रतिष्ठा (सेनापति), ऑर्डर ऑफ मेरिट ऑफ फेडरल रिपब्लिक ऑफ जर्मनी (नाइट कमांडर क्रॉस), लंदन के धातु संस्थान से (बेस्सेमेर मेडल), दादाभाई नौरोजी स्मृति पुरस्कार एवं इलाहाबाद, रुड़की, बनारस, बम्बई इत्यादि विश्वविद्यालयों द्वारा डॉक्टरेट (आचार्य) की उपाधि से नवाज़ा गया है। उन्हें देश के उच्च नागरिक पुरस्कार, 'भारत रत्न', से सन 1992 में सम्मानित किया जा चुका है।

जे.आर.डी. टाटा की मृत्यु 9 नवम्बर, 1993 में जेनेवा में हुई थी। तदोपरांत वह टाटा उद्योग लिमिटेड, इंडियन होटल्स कम्पनी एवं टाटा ऑयल मिल्स कम्पनी लिमिटेड के अध्यक्ष एवं निदेशक थे। वह टाटा केमिकल्स लिमिटेड के चैयरमैन एमिरिटेस भी थे। वह लंदन के टाटा लिमिटेड, न्यूयॉर्क के टाटा व्यवसाय, टाटा यूनीसाइस लिमिटेड, टाटा इंजीनियरिंग एवं लोकोमोटिव कम्पनी लिमिटेड तथा टाटा आयरन एण्ड स्टील कम्पनी लिमिटेड के निदेशक दल में भी शामिल थे।

❑

*अपने परिवार के साथ जे.आर.डी. टाटा।*
*रतन दादाभॉय टाटा केन्द्र में जहांगीर को पकड़े हुए जबकि पत्नी लेडी सायला को गोद में लिए हुए बैठी हैं। जहांगीर के दायीं तरफ उनकी दादी मैडम बिरेरे हैं।*
*(साभार-टाटा सेंट्रल आर्चिभ्स)*

# 11

# रतन नवल टाटा

रतन नवल टाटा-टाटा समुदाय के वर्तमान चैयरमैन (सभापति/अध्यक्ष) हैं। रतन टाटा का जन्म मुम्बई में 28 दिसंबर, 1937 को हुआ था। उनके माता-पिता सुन्नू एवं नवल होरमुसजी टाटा थे। उनका जन्म मशहूर एवं समृद्ध टाटा परिवार में हुआ था।

रतन टाटा का बचपन अत्यंत कष्टमयी था। सन 1940 के दशक में उनके माता-पिता अलग हो गए थे। तब उनकी आयु मात्र सात वर्ष थी एवं उनके भाई जिम्मी मात्र पांच वर्ष के थे। रतन एवं उनके भाई का पालन-पोषण उनकी दादी लेडी नवाज़बाई द्वारा किया गया।

उन्होंने मुंबई के कैम्पियन स्कूल से बारहवीं तक शिक्षा ग्रहण की। सन 1962 में उन्होंने कॉरनेल विश्वद्यिालय से आर्कीटैक्चर एवं स्ट्रक्चरल इंजीनियरिंग की डिग्री प्राप्त की। उसके पश्चात उन्होंने पारिवारिक कारोबार संभाला।

वह अपने कॉलेज के दौरान एल्फा सिग्मा फी फ्रैटरनिटी से जुड़ गए। यह (सन 1845 में गठित संयुक्त राज्य के येल का एक अत्यंत ही पुराना सामाजिक समुदाय है) सन 1962 में स्नातक करने के पश्चात उन्हें आई.बी.एम. में कार्य करने का अवसर प्राप्त हुआ। उन्होंने जे.आर.डी. टाटा की सलाह मानते हुए नौकरी ठुकराकर पारिवारिक व्यवसाय से जुड़ना सही समझा। उन्हें टाटा स्टील में कार्य करने हेतु जमशेदपुर भेज दिया गया। वहां उन्होंने मजदूरों के साथ मिल कर बेलचे से चूना-कंकड, पत्थर इत्यादि हटाने के साथ-साथ ब्लास्ट फरनेस संभालने जैसा कार्य भी किया।

सन 1971 में उन्हें नेल्को (राष्ट्रीय रेडियो एवं विद्युतीय कम्पनी) का आधिकारिक निदेशक नियुक्त किया गया। नेल्को आर्थिक दृष्टिकोण से काफी मुश्किलात के दौर से गुज़र रही थी, परन्तु रतन उसे आर्थिक रूप से सुदृढ़ बनाने में सफल रहे। रतन ने सक्रिय भूमिका निभाते हुए तकनीकी भविष्य को अपनी सहज दूरदर्शिता से जानकर जे.आर.डी. को नेल्को में निवेश करने की सलाह दी। जे.आर.डी. ने अनमने होकर निवेश किया। नेल्को की सफलता के साथ ही उनका रतन टाटा पर भी विश्वास बढ़ गया।

सन 1991 में जे.आर.डी. टाटा ने टाटा समुदाय की कमान नौजवान हाथों मे सौंप दी। अब कम्पनी के सुदृढ़ भविष्य के लिए जोखिम उठाये जाने से भी परहेज़ नहीं रहा था। सन 1993 मे जे.आर.डी. टाटा के चले जाने के बाद रतन टाटा ने अपने पुवूर्जों के ही अनुरूप टाटा समुदाय का विस्तारण किया। भारतीय आर्थिक उदारवाद के दौरान टाटा की सभी कम्पनियों में उन्होंने अपनी शेयर होल्डिंग बढ़ा दीं। ये कम्पनियां थीं–टिस्को (टाटा स्टील), टेल्को (टाटा मोटर्स), टाटा केमिकल्स एवं टाटा टी। उनके अंतर्गत टाटा कन्सेलटेंसी सर्विसेज़ ने कई बुलंदियां प्राप्त कर लीं तथा टाटा मोटर्स न्यूयॉर्क स्टॉक एक्सचेंज में भी शामिल हो गई।

सन 1998 में टाटा मोटर्स ने टाटा इंडिका नामक कार का निर्माण किया। यह कार पूर्णतः रतन टाटा के दिमाग की खपत का ही अंजाम था। उनका व्यापार जगत में आक्रामक रवैया 31 जनवरी, 2007 को तब देखने को मिला जब टाटा समुदाय ने एक विदेशी कम्पनी हथियाकर भारतीय व्यावसायिक इतिहास के पन्नों पर अपना नाम सुनहरे अक्षरों में दर्ज करवा दिया। यह कम्पनी थी कोरस समुदाय की एक एंग्लो-डच स्टील एवं एल्युमिनम कंपनी जिसे टाटा संस ने 6.7 बिलियन पाउंड पर खरीदकर सबको चकित कर दिया। इस सम्मिलन के पश्चात यह कम्पनी विश्व की छठी सबसे बड़ी स्टील निर्माता कम्पनी बन गई। इसके साथ ही रतन टाटा भी भारतीय व्यावसायिक जगत के इतिहास में अमर हो गए।

उनकी सफलता में चार चांद लगाने का काम उनकी नई मोटर कार ने किया। 6 मार्च, 2007 में जेनेवा में उन्होंने 'टाटा एलेगेंट' नामक चौपहिया वाहन बाज़ार में पेश किया। इस मॉडल को देखकर अन्य सभी वैश्विक व्यापारियों ने दांतों तले अंगुली ही दबा ली थी।

रतन टाटा के सान्निध्य में टाटा समुदाय का व्यवसाय सन 1993 में तेरह हज़ार करोड़ से डेढ़ लाख करोड़ रुपये तक पहुँच गया।

रतन टाटा ने शादी नहीं की। वह आज भी अविवाहित ही हैं। वह मुम्बई के अपने एपार्टमेंट में दो नस्लीय कुत्तों, 'जर्मन शेफर्ड', के साथ रहते हैं। उन्होंने टाटा कम्पनी में नये-नये प्रयोग करके जोखिम उठाए और अंततः वह सफल भी रहे। उन्होंने सामाजिक विकास हेतु भी कार्य किया। उदाहरणतः जल दुर्लभता मिटाने के लिए, विश्व स्वास्थ्य विकास के लिए एवं ग्रामीण विकास हेतु भी कार्य किया।

रतन टाटा घर के खाने के बहुत शौकीन हैं। कला-संग्रह में भी उनकी खास रुचि है। वह विमान-चालक का भी प्रशिक्षण ले चुके हैं। उन्हें खाली वक्त में कभी-कभी विमान चलाने में भी अत्यंत आनंद आता है। उन्हें पद्मभूषण से भी सम्मानित किया जा चुका है। सन 2005 में उन्हें फोर्ब्स एशिया के बिज़नेसमैन ऑफ दि ईयर एवार्ड से भी सम्मानित किया जा चुका है।

वह भारत के विभिन्न संस्थानों में विशिष्ट योग्य पदों पर आसीन हैं। वह प्रधानमंत्री परिषद् में उद्योग एवं व्यापार के सदस्य भी रहे हैं। मार्च 2006 में उन्हें कॉरनेल विश्वविद्यालय में अर्थशास्त्र के लिए छब्बीसवां रॉबर्ट एस. हैटफील्ड का सभासद् चुन लिया गया।

रतन टाटा की अध्यक्षता में टाटा समुदाय अपनी सफलता के कई परचम लहरा चुका है। आज भी यह समुदाय सफलता के शिखर पर विराजमान है एवं आगे अपने कई नए गंतव्यों पर बढ़ने की ओर अग्रसर है। रतन नवल टाटा ने अपने पूर्वजों की जागीर एवं शोहरत को तिगुना कर दिया है। टाटा साम्राज्य का विस्तारण जारी है।

❑

## 12

# इस्पात का मनुष्य : स्टील मैन

रतन नवल टाटा सम्पूर्ण एशिया के व्यापारियों में से सबसे अधिक शालीन व्यक्तित्व वाले इंसान हैं। टाटा का विशाल सम्राज्य कार, इस्पात, टेलीफोन, मोबाइल, लोहा, सॉफ्टवेयर से लेकर चायपत्ती, घड़ी इत्यादि तक फैला हुआ है।

रतन टाटा अपनी 12,500 डॉलर की टाटा इंडिगो मैरीना वैगन को स्वयं ही चलाकर दफ्तर जाते हैं। वह अपनी छुट्टियां अपने घर पर ही रहकर एकांत में अपने दोनों कुत्तों के साथ बिताना पसंद करते हैं। वह व्यावसायिक यात्राओं पर भी अकेले ही जाना पसंद करते हैं।

सत्तर वर्षीय रतन अपनी कुछ विशिष्ट प्रवृत्तियों के लिए भी जाने जाते हैं। वह विमान हवा में दौड़ाने के काफी शौकीन हैं। उन्हें अक्सर अपने निजी जेट विमान फाल्कॉन 2000 को उड़ाते हुए देखा जा सकता है। फरवरी, 2007 में उन्होंने 'एयरो इंडिया 2007' के नाम से हवाई कार्यक्रम भी करवाया, जिसमें स्वयं उन्होंने लॉकहीड एफ-16, बोईंग एफ-18 जैसे लड़ाकू विमान चलाकर विश्व भर में सनसनी फैला दी।

टाटा का व्यापारिक अंदाज उनके व्यक्तित्व की साहसिक प्रवृत्ति का परिचय देता है। उन्होंने अपने पारिवारिक कारोबार को

केवल वहीं तक सीमित नहीं रखा, अपितु उन्होंने सम्पूर्ण विश्व में टाटा साम्राज्य का विस्तार किया है। उन्होंने विश्व की कई जानीमानी कम्पनियों पर भी अपना कब्जा कर टाटा का परचम लहरा दिया। सन 2003 से अब तक उन्होंने इंडोनेशिया की एक बड़ी कोयले की खान का कुछ हिस्सा एवं सिंगापुर, थाइलैंड और वियेतनाम की स्टील मिल्स अपने नाम कर ली है। कई बड़े विदेशी होटलों के भी वे मालिक बन चुके हैं। न्यूयॉर्क के पियर, बोक्टन के रिट्ज-कॉर्लटन एंव सैन फ्रांसिस्को के कैमडेन प्लेस जैसे होटलों को टाटा अपने नाम कर चुके हैं। टाटा ने सन 2004 में टाइको अंतर्राष्ट्रीय समुद्र के भीतर जाने वाले फोन के तार 130 करोड़ डॉलर रुपये में खरीदे। आज टाटा टेक्नोलिज्म अमेरिका की ऑटो एवं हवाई जहाज कम्पनियों के लिए बाह्य उद्योग डिज़ायन के खास संभरक है।

टाटा ने करीबन अट्ठाईस अरब डॉलर की पूंजी निवेश स्टील, ऑटो, टेलीकॉम ऊर्जा, केमिकल्स इत्यादि में अगले पांच वर्षों में करने की योजना बनाई है। टाटा के बॉम्बे के प्रमुख मुख्यालय में कर्मचारियों को लुभाने हेतु चाय, आइसक्रीम जैसी चीज़ें भी मुफ्त में दी जाती हैं। टाटा समुदाय के लिए कर्मचारियों को दिये गए वे प्रलोभन काफी कारगर सिद्ध हुए हैं। इसका प्रमाणिक उदाहरण भी आपके समक्ष पेश है। सन 2003 से अब तक टाटा की कई कम्पनियों का व्यापार लगभग बारह अरब डॉलर से बढ़कर बासठ अरब डॉलर तक पहुंच गया है। इनमें से पिच्छतर प्रतिशत की बिक्री केवल टाटा स्टील, टाटा मोटर्स एवं टाटा कंसेलटेन्सी सर्विसेज़ के ही नाम है।

टाटा समुदाय की वैश्विक विकास की कहानी लगभग चार वर्ष पूर्व प्रारंभ हुई थी। टाटा ने भारतीय व्यवसाय की तुलना चीनी व्यापार से की, तब उन्होंने जाना कि चीनी व्यापारी हर व्यापार उच्च पैमाने पर करते हैं एवं सफलता हासिल करते हैं। तब टाटा ने भी 'बड़ा सोचो, बड़ा करो' की नीति अपनाते हुए वैश्विक स्तर पर भी सफलता हासिल की। आज न सिर्फ टाटा का विश्व उद्योग में भारत का नाम भी उससे जुड़ा होने के कारण अधिक मशहूर हो गया है।

टाटा कम्पनी बिना किसी दो टूक के चीन, ब्राजील और रूस जैसे विकासशील देशों की बहुराष्ट्रीय कम्पनियों की भाँति ही महत्वपूर्ण है। टाटा कम्पनी व्यापार जगत में निर्यात के नये एवं परिवर्तनशील प्रारूपों को दर्शाती रही है। आगे भी उनके प्रयत्न इस दृष्टिकोण से विकासशील है।

इस उद्योग जगत के बाज़ार में एक छोटी-सी संस्था को सफलता पाना आसान नहीं होता। परन्तु इस संस्था ने न सिर्फ सफलता पाई अपितु कोरिया के डेवू, थायलैंड के चैरोइन पोकफंड और इंडोनेशिया के सलीम समूह को

टक्कर देकर अपने विशाल साम्राज्य होने की दस्तक दी। उस दौरान आर्थिक संक्रांति का काल चल रहा था। ऐसे में कई कम्पनियों को भारी नुकसान उठाना पड़ा। परन्तु टाटा ने अपने एवं अपनी कम्पनी के अस्तित्व को बरकरार रखा।

इस साम्राज्य के केन्द्र में हमेशा रतन टाटा स्वयं ही रहे। सन 1962 में टाटा कॉरनेल विश्वविद्यालय से आर्कीटेक्चर का कोर्स करने के पश्चात टाटा समूह में जुड़ गए। रतन टाटा अपने ताऊजी जे.आर.डी. टाटा की मृत्यु के पश्चात प्रमुख मार्गदर्शक एवं मुख्य कर्ता धर्ता हो गए।

रतन टाटा के नेतृत्व में कम्पनी ने बुलंदियाँ छुई। अब रतन टाटा पश्चिमी देशों में अपना सिक्का सम्पूर्ण रूप से जमाने के लिए कारगर हैं। अपनी निवृत्ति से पहले अपने साम्राज्य का विस्तार कर लेना चाहते हैं।

अभी तक रतन टाटा ने अपने उत्तराधिकारी के नाम की घोषणा नहीं की है। वैसे तो टाटा परिवार का कोई सदस्य कारोबार को संभालने के लिए शेष नहीं हैं। पारसी समुदाय से तो सीधे तौर पर पहले ही कोई शेष न था, रतन टाटा ने भी विवाह नहीं किया, बच्चे भी नहीं हैं। उनके छोटे भाई जिम्मी का कारोबार से कोई लेना-देना नहीं है। उनके दूर के भाई नॉवल टाटा के व्यवसाय से जुड़े हैं परन्तु वे भी स्पष्ट तौर पर उत्तराधिकारी नहीं दिखाई देते।

रतन टाटा एवं उनके परिवार के पास टाटा संस में 3 प्रतिशत का ही अंश है। टाटा कोरस जैसी अंतर्राष्ट्रीय कम्पनी पर भी अपना हक जमा चुके हैं। कार एवं टेलीकॉम तो मात्र उनके बच्चों के समान है। अभी भी कम्पनी विकास की ओर उन्मुख है।

रतन टाटा सामाजिक दायित्वों को भी भरपूर निभाते हैं। यह गुण उन्हें अपने परदादा जमशेदजी टाटा से मिला। जमशेदजी टाटा मार्गदर्शक, जन-कल्याणकारी व उद्योगपति थे। उन्होंने भारत में पहली टेक्सटाइल मिल खोली। उन्होंने जन-कल्याण के लिए ट्रस्ट भी बनाया था।

टाटा संस में चैरिटेबल ट्रस्ट का अंश 66 प्रतिशत है। टाटा समूह में कॉस्मेटिक्स, पेन्ट्स, सीमेंट के साथ-साथ रीटेल, टेलीकॉम, बायोटेक इत्यादि जैसी कम्पनियाँ भी आती हैं। टाटा समुदाय के पास 100 कम्पनियाँ, 300 उपकम्पनियाँ हैं। एक बार जब टाटा मोटर्स के पूना उपकरण में आतंकवादी दंगे हुए तब रतन टाटा ने कहा-'यदि आप मेरे सिर पर बंदूक रखते हैं तो उससे अच्छा बंदूक चला देना चाहिए क्योंकि मैं यहाँ से नहीं जाऊँगा। परन्तु टाटा ने डील पर हस्ताक्षर किये।

रतन टाटा ने टाटा स्टील में भी कई तरह के बदलाव किए। टाटा ने 2.5 अरब डॉलर आधुनिकीकरण पर खर्च करके काम के बोझ को 78,000 से 38,000 पर ला दिया। आज टाटा स्टील अन्य विरोधी कम्पनियों को भी अपने भीतर समाहित कर लेती है।

कोरस डील का पूरा श्रेय रतन टाटा को जाता है। टाटा की कम्पनी उन बड़े स्टील निर्माताओं में से है, जो कोयले और आयरन आरे से स्टील के कच्चे माल तैयार करके पश्चिम में कोरस के पास पूर्ण रूप से उत्पाद बनाने भेजते हैं।

टाटा की कम्पनी मुख्यत: उत्तर भारत के जमशेदपुर में स्थित है। जमशेदपुर के 700,000 निवासियों में से 20,000 निवासी टाटा कम्पनी के कर्मचारी हैं। टाटा यहाँ के रहने वाले हेतु सभी सुविधाओं एवं स्कूलों के लिए हर साल लगभग 40 करोड़ डॉलर खर्च करते हैं। जो कर्मचारी 60 वर्ष की आयु से पूर्व ही सेवानिवृत्ति लेते हैं, उनको पूरी रिटायरमेंट राशि और आजीवन स्वास्थ्य सेवा दी जाती है। टाटा आसपास के 800 गांवों में शिक्षा, स्वास्थ्य एवं कृषि विकास हेतु करोड़ों रुपये खर्च करते हैं। टाटा की ही बदौलत गांवों में अब आधुनिक तकनीकों के माध्यम से कार्य हो रहे हैं। गावों में बिजली, पानी की सुविधा भी टाटा स्पेलर यूनिट द्वारा की जा रही है। गाँव में टी.वी. भी हैं। बच्चे शिक्षा प्राप्त करने स्कूल जाते हैं।

फिलहाल टाटा के पास कोरस नामक संघर्षहीन कंपनी है। इसे टाटा ने 7.4 बिलियन डॉलर में अर्जित किया। वेल्स के टेलबोट पोर्ट पर कोरस मिल्स में करीब 3,000 कर्मचारी कार्यरत हैं। इस मिल के कर्मचारी कम्पनी में नौकरियाँ बरकरार रखने हेतु टाटा स्टील द्वारा 600 मिलियन डॉलर और लगवाना चाहते हैं। इस बाबत कोरस के 20 कर्मचारी प्रतिनिधि के तौर पर अप्रैल में जमशेदपुर पहुँचे थे। परन्तु टाटा ने गारंटी देने से इंकार कर दिया।

एक कर्मचारी नेता माइकल लेही ने कहा–'हम सामाजिक दायित्वों के प्रति उनके कमिटमेंट व कार्यशैली से प्रसन्न हैं। पर किस प्रकार इन विधानों को यूरोपीय व ब्रिटिश शैली में प्रस्तुत करेंगे, इसका जवाब वे नहीं दे पाए।

जगुआर और लैंड रोवर की बोली लगाना काफी चुनौतीपूर्ण था। अब तो यह गाड़ियाँ भारत आ चुकी हैं। टाटा मोटर्स ने ट्रक बनाए, इंडिका कार का उत्पादन भी किया। आज इंडिका भारत में कारों की श्रेणी में दूसरे नम्बर पर आती है। आज दक्षिण अफ्रीका, स्पेन और इटली में भी यह गाड़ी बिक रही है। टाटा फिएट के साथ मिलकर जल्द ही कार व ट्रक का निर्यात करने वाले

हैं। कम्पनी ने सन 2006 में ऐस नामक मिनी ट्रक मात्र 6,000 डॉलर में बाज़ार में उतारकर धमाल मचा दिया।

रतन टाटा की लखटकिया नैनो सबसे अधिक चर्चा में रही। इस कार के आते ही मोटर उद्योग में क्रांति सी आ गई। टाटा ने इसके विकास एवं उत्पादन हेतु निजी रूप से कार्य किया।

टाटा की मुख्य अभिलाषाओं में सोलर एनर्जी का पुन: निर्माण भी है। टाटा वी पी सोलर लिमिटेड और ब्रिटिश एनर्जी जाइंट बी पी ने मिलकर 260 मिलियन डॉलर में जर्मनी में सोलर इलैक्ट्रिक सिस्टम लगाए। इस कम्पनी ने कम कीमत वाले सोलर वॉटर पम्प, फ्रिज इत्यादि का निर्माण किया। इस तरह की बिजली लगभग 50,000 घरों में है। 3000 डॉलर के सिस्टम से दो बल्ब, 1 हॉट प्लेट, 1 पंखा और 14-इंच का टीवी आराम से चल सकते हैं। परन्तु यह तो सागर की एक बूंद के समान है। टाटा के सपने करोड़ों बूंदें छूने के बराबर हैं।

अब सवाल आता है कि रतन टाटा के बाद भी क्या टाटा समूह की सफलता बरकरार रहेगी? भविष्य में आर्थिक दृष्टिकोण से भारतीय अर्थ का क्या होगा? इस पर टाटा ने कहा कि अपने उत्तराधिकारी के चयन के पश्चात भी दो वर्ष तक वह कार्य करते रहेंगे। ऐसा लगता है वह अपने एजेंडा का सबसे महत्वपूर्ण कार्य करके ही जाएँगे। वह कार्य कई कम्पनियों का समागम तैयार करने का है जो रतन टाटा के बाद भी 21वीं सदी में वैश्विक प्रतिस्पर्धाओं का सामना करते हुए पारंपरिक मूल्यों का पालन करे।

❑

# 13

# पारसी पादरी से सफल व्यवसायी तक

रतन टाटा अपने जोराष्ट्रीयन पूर्वज़ों की ही भांति विशिष्ट व्ययों से दूर रहते थे। परन्तु टाटा समुदाय ने विदेशी कम्पनी कोरस को उन्हीं के दायित्व में जब्त किया था एवं कम से कम दस अरब पाउंड प्रतिवर्ष की आमदनी अर्जित की। अब आलम यह है कि टाटा और कोरस के सम्मिश्रण से यह कम्पनी विश्व की पांचवीं सबसे बड़ी इस्पात निर्माता कम्पनी बन चुकी है।

टाटा समुदाय के रूप में पहली दफा किसी ब्रिटिश कम्पनी 'कोरस' को अपने आधीन किया। ज़्यादातर ब्रिटेनवासियों ने इस समुदाय का नाम तक नहीं सुना था। अनजाने में ही सही, परन्तु ब्रिटेन के नागरिकों ने टाटा की टेटली चाय का स्वाद तो चखा ही है। टाटा चाय टाटा समुदाय के पास सन 2000 से ही है।

संभवत: टाटा बस अथवा टाटा ट्रक तो आपने देखी ही होगी। सन 2004 से टाटा बस एवं टाटा ट्रक सड़कों पर चल रहे हैं। टाटा समुदाय ने सन 2004 में डेलू नामक वाहन भी खरीदा। टाटा के कई होटल भी हैं। 'पियर' नामक न्यूयॉर्क में टाटा का एक विख्यात होटल है।

जहां रतन टाटा के लक्ष्मी मित्तल एवं विजय माल्या जैसे प्रतिद्वंद्वी अपनी पूंजी एंव उपलब्धियों पर इतराते हैं, वहीं टाटा इन चीज़ों से परे रहते हैं। उन्होंने पश्चिमी देशों के कई संस्थानों को खरीदकर अपने पारिवारिक कारोबार को बहुराष्ट्रीय समुदाय में तब्दील कर विशेष उपलब्धियां हासिल की हैं। कई बार तो वह उन कम्पनियों के नाम तक नहीं बदलते। उन्ही के ब्राँड नाम से चलाते हैं। विश्व भर में उपभोक्ता उन वस्तुओं का इस्तेमाल टाटा जैसी भारतीय कम्पनी का हाथ पीछे होने से अंजान रहकर करते हैं।

परन्तु भारत में टाटा एक घरेलू नाम है जिसे बच्चा-बच्चा जानता है। माल्या एवं मित्तल जैसे प्रतिद्वंद्वियों का आगमन तो आज हुआ है परन्तु टाटा का इतिहास वर्षों पुराना है।

टाटा समुदाय के संस्थापक जमशेदजी टाटा एक जोराष्ट्रीयन (पारसी) पादरी के परिवार से संबंध रखते थे। यह परिवार ईरान में हो रहे अत्याचार के कारण रिफ्यूजी के तौर पर भारत आया था। भारत को पहली स्टील मिल, जहाज यात्रा एवं कपड़ों (टेक्सटाइल) का कारखाना उन्होंने ही दिया था।

जमशेदजी टाटा ने मुंबई के ताज होटल का निर्माण भी सर्वप्रथम ही किया था। जमशेदपुर को आज भी टाटा स्टील के लिए ही जाना जाता है।

उनके उत्तराधिकारी जे.आर.डी. टाटा भारत के पहले विमान चालक थे। उन्होंने भारत में सर्वप्रथम विमान सेवा की शुरूआत की थी। उनके विमान का नाम टाटा एयरलाइंस था, जिसकी सेवा आज भी जारी है। बस नाम तब्दील कर एयर इंडिया रख दिया गया है। टाटा समुदाय ने ही भारत को पहली बैंक एवं मोटर कम्पनी भी दी।

जब सन 1991 में सर रतन टाटा ने टाटा समुदाय के अधिपति की कुर्सी सभाली, तब भारतीय उद्योग में आर्थिक मंदी के कारण भारी गिरावट का दौर चल रहा था। परन्तु रतन टाटा ने अपने आधिपत्य में आर्थिक दृष्टिकोण से उदारवादी रवैया अपनाते हुए उद्योग जगत को काफी लाभ पहुंचाया।

पाश्चात्य पूर्वधारणाओं के बावजूद टाटा कम्पनी एक ऐसी कम्पनी है, जो भारतीय उद्योग को शीर्ष पर पहुंचाती है। जहां एक तरफ ब्रिटेनवासी उच्च भारतीय कम्पनियों को एक नये घटनाक्रम के तौर पर देखते हैं, वहीं टाटा समुदाय सन 1860 के दशक से राज कर रहा है। जहां एक ओर मित्तल जैसे भारतीय उद्योग व्यापारी रुढ़िवादी छवि प्रस्तुत करते हैं, वहीं टाटा एक साधारण छवि लिये हुए हैं। लक्ष्मी नारायण मित्तल ने अपनी पुत्री के विवाह में तीस करोड़ पाउंड एवं अपने घर हेतु 57 करोड़ पाउंड खर्च किये थे। टाटा इस तरह की चीज़ों से हमेशा दूर रहें हैं।

जब टाटा स्टील से 32,000 कर्मचारियों की छटनी की गई थी, तब कम्पनी ने उद्योग जगत में बने रहने हेतु कर्मचारियों को ऐसी सहायता प्रदान की गई जो आज तक किसी अन्य समूह ने नहीं दी। यह अतिरेक सेवानिवृत्ति के पश्चात भी कर्मचारियों को दी गई।

कोरस का साथ पाकर टाटा स्टील विश्व की पांचवीं सबसे बड़ी स्टील निर्माता कम्पनी बन गई। जिससे जमशेदजी के स्वप्न को धरातल पर पहुंच मिली। जहां एक ओर पश्चिम में कर्मचारियों के लिए कुछ खास योजनाएं नहीं थी, वहीं भारत में आठ घंटे की कार्य पद्धति, भविष्य सुरक्षा हेतु निधि प्रस्तुत की गई। इन सब भावविभोर चीज़ों के कारण अगले 75 वर्षों तक कम्पनी में कोई औद्योगिक विवाद नहीं हुआ।

स्टील कम्पनी में कार्य करने वाले सभी मजदूरों को टाटा की तरफ से कई रूपों में आर्थिक सहायता प्रदान की जाती है। सभी कर्मचारियों के मुफ्त इलाज हेतु टाटा ने अस्पताल भी बनवाए। टाटा समुदाय ने कर्मचारियों के बच्चों की शिक्षा हेतु विद्यालयों का निर्माण करवाया। इन कर्मचारियों के लिए बिजली-पानी भी मुफ्त में दी जाती है। जमशेदजी ने सांप के घर में घुसने से बचने के भी इंतजाम किये। जमशेदजी एक साइंस कॉलेज का निर्माण करवाना चाहते थे, परन्तु इसका निर्माण उनकी मृत्यु के पश्चात भारतीय वैज्ञानिक संस्थान, बैंगलोर के रूप में हुआ।

टाटा ने माहसीर नामक गंगा नदी की मछली की नस्ल को विलुप्त होने से बचाने की मुहिम भी चलाई। टाटा एयरलाइंस के राष्ट्रीयकरण के पश्चात इसे सरकार के आधीन कर दिया गया। बीमा व्यवसाय भी समाजिक हित के कारण ही सरकार के आधीन में चला गया। रतन टाटा की अध्यक्षता में टेटली चाय को सन 2000 में 435 करोड़ डॉलर में खरीदकर भारतीय औद्योगिक इतिहास को एक नया परचम दिलवाया।

टाटा समुदाय के देश-विदेश में न जाने कितने होटल चलते हैं। ताज होटल टाटा का ही है। विदेशों में पियर जैसे होटल स्थापित है। रतन टाटा ने मध्यमवर्गीय परिवारों के सामर्थ्य के अनुसार एक लाख रुपये की कार बाज़ार में पेश कर मध्यम वर्गीय एवं गरीबी-रेखा के नीचे आने वाले लोगों में भी अपना स्थान बनाया है।

कम्पनी का भविष्य तो सुरक्षति नज़र आता है, परन्तु टाटा परिवार, रतन टाटा की कोई संतान न होने के कारण इस परिवार का भविष्य अंधकारमय ही नज़र आता है। अब पारसी समुदाय का भी अंत होता जा रहा है। पारसी पादरियों द्वारा इस समुदाय के अलावा अन्य समुदाय में विवाह निषेध बताया गया है। जो इस समुदाय से बाहर विवाह करते हैं, उन्हें इस समुदाय में गिना नहीं जाता।

हालांकि रतन टाटा ने अभी तक अपने उत्तराधिकारी की घोषणा नहीं की है, परन्तु उन्होंने यह संकेत तो दे ही दिया है कि वह टाटा परिवार के बाहर

*नवल टाटा अपने दोनों बेटे रतन टाटा और नोयल टाटा के साथ।*

*(साभार-टाटा सेंट्रल आर्चिभ्स)*

का भी हो सकता है। अभी तक वह भारत को वैश्विक स्तर पर भी स्थान दिला चुका है।

सन 2007 में टाटा स्टील लिमिटेड ने 11.3 अरब डॉलर में यू.के. की स्टील कम्पनी कोरस को जब्त कर लिया। सन 2007 में ही टाटा मोटर्स लिमिटेड ने जगुआर और लैंड रोवर नामक कम्पनी पर भी कब्जा कर लिया। ❑

## सर्वश्रेष्ठ ब्राडों के सर्वोच्च स्थान पर

विश्व के सर्वश्रेष्ठ 500 ब्राडों में टाटा समूह या जगहों पर अपनी उपस्थिति दर्ज करवा 57वें नम्बर पर स्थित फाइनेंस ब्राड बना यू.के आधारित ब्रैंड फाइनेंस पेल्क द्वारा प्रकाशित सूची में पहले सौ स्थानों में अन्य कोई भारतीय कम्पनी शामिल नहीं हो पाई। इस सूची में रिलायंस इण्डस्ट्री 151 वें स्थान पर रही जबकि इण्डियन ऑयल का स्थान 215 पर रहा।

वर्ष 207 की ब्रैंड वैल्यु पर किए गए शोधों में टाटा बैंड का मूल्य 11.8 बिलियन डॉलर (47,082 करोड़) आंका गया।

सन 2007 में टाटा समूह ने कोरस कम्पनी को अपने सान्निध्य में लिया। वर्ष के अन्त तक टाटा की ही एक अन्य कंपनी टाटा मोटर्स लिमिटेड ने फोर्ड मोटर्स को भी हासिल कर लिया टाटा कम्पनी द्वारा नैनो के लाँच ने इसे सर्वश्रेष्ठ 50 ब्रांडों में शामिल कर दिया। ब्रिटीश स्टील कम्पनी से सम्बन्धित कोरस स्टील ने टाटा समूह को नई ऊंचाइयाँ प्रदान की है।

टाटा समूह को AA+ की रेकिंग (इसके आलीशान इतिहास और सुनहरे भविष्य को देखते हुए) दी गई है। टाटा ब्रांड का 8० प्रतिशत भाग स्टील इंजन मोटर्स एवं परमार्श जैसे क्षेत्रों का विस्तार एक सुनहरे भविष्य की ओर इशारा कर रहा है।

कोरस के अधिग्रहण के पश्चात समूह का केन्द्र भारत ने रहकर विश्व के अन्य क्षेत्रों पर केन्द्रित हो गया है। कम्पनी का 60 प्रतिशत रेवन्यु बाहरी क्षेत्रों से ही आता है।

# 14

# टाटा की संस्थाएं व ब्रांड्स

टाटा समुदाय मुम्बई में बसी बहुराष्ट्रीय कम्पनियों का संलग्न है। राजस्व एवं बाज़ारी पूंजी को देखते हुए टाटा समुदाय भारत एवं विश्व का एक बड़ा निजी व्यावसायिक समुदाय है। आज टाटा समुदाय स्टील, मोटर, सूचना तकनीक, संचार, ऊर्जा, चाय एवं होटल इत्यादि जैसी जगहों में व्यवसाय जमा चुका है। टाटा समुदाय आज छह महाद्वीपों के लगभग 85 देशों में संचालन कर रहा है। टाटा समुदाय के उत्पादनों का निर्यात लगभग 80 देशों में होता है। आज टाटा समुदाय ने सात व्यावसायिक क्षेत्रों में लगभग 98 कम्पनियों को समाविष्ट कर रखा है, जिनमें से 27 कम्पनियां सामुदायिक तौर पर हैं। टाटा समुदाय का 65.8 प्रतिशत का स्वामित्व जनकल्याणकारी ट्रस्टों के नाम है। टाटा समुदाय की प्रमुख कम्पनियां इस प्रकार हैं–टाटा स्टील, कोरस स्टील, टाटा मोटर्स, टाटा कन्सलटेन्सी सर्विसेज़, टाटा चाय, टाइटन उद्योग, टाटा पावर, टाटा टेलीसर्विसेज, टाटा संचार, टाटा ऑटो कॉम्प सिस्टम लिमिटेड एवं ताज होटल।

## टाटा मोटर्स

टाटा मोटर्स लिमिटेड भारत की सबसे बड़ी मोटर कम्पनी है। इस कम्पनी का राजस्व/मालगुजारी सन 2007-08 में 35651.48 करोड़ रुपये का था। वाणिज्यिक वाहनों में टाटा मोटर्स का कोई तोड़ नहीं है। टाटा मोटर्स यात्री वाहनों में तीसरे स्थान पर है। टाटा मोटर्स के उत्पादन ठोस, उपयोगी एवं मध्य स्तरीय कार के रूप में भी उपलब्ध हैं। टाटा मोटर्स विश्व की चौथी सबसे बड़ी ट्रक निर्माता एवं विश्व की दूसरी सबसे बड़ी बस निर्माता कम्पनी है।

कम्पनी के 23,000 कर्मचारियों को शल्यक्रिया में सर्वोत्तम, उत्पादनों की बिक्री में सर्वश्रेष्ठ एवं अपने मूल्य तथा नीति निर्धारणों में सर्वश्रेष्ठ होने का पाठ पढ़ाया जाता है।

टाटा मोटर्स की स्थापना सन 1945 में हुई थी। टाटा वाहन की पहली गाड़ी सन 1954 में सड़क पर आई थी। आज करीबन चार करोड़ टाटा के

वाहन भारतीय सड़कों पर दौड़ते हैं। इस कम्पनी का निर्माण क्षेत्र भारत में मुख्यत: जमशेदपुर, पूणे, लखनऊ एवं पंतनगर में स्थित है।

टाटा मोटर्स सितंबर, 2004 में न्यूयॉर्क स्टॉक एक्सचेंज में शामिल होने वाला इंजीनियरिंग क्षेत्र है। टाटा मोटर्स अंतर्राष्ट्रीय ऑटोमोबाइल कम्पनी के रूप में उभर चुका है। टाटा मोटर्स ने कई कम्पनियों के साथ जुड़कर अपने व्यापार का जाल यू.के., स्पेन, दक्षिण कोरिया व थाइलैंड जैसे देशों में भी फैला लिया है। टाटा मोटर्स की सबसे बड़ी उपलब्धि के रूप में सन 2008 में जगुआर-लैंड रोवर जैसे ब्रिटेन के दो बड़े आदर्श ब्रांड को भी अपने भीतर समाहित कर लिया है। वर्ष 2004 में टाटा मोटर्स ने दक्षिण कोरिया की दूसरी सबसे बड़ी ट्रक बनाने वाली कम्पनी 'डेवू वाणिज्यिक वाहन कम्पनी' को भी प्राप्त कर लिया। इस कम्पनी ने कोरिया के बाज़ार में कई नये उत्पादन लॉन्च किये हैं। आज अंतर्राष्ट्रीय बाज़ार में कई उत्पादों का निर्यात हो रहा है। आंज दक्षिण कोरिया से निर्यात होने वाले बड़े वाणिज्यिक वाहन टाटा डेवू के ही हैं। सन 2005 में टाटा मोटर्स एक स्पेनिश बस निर्माता से हिसपानो कैरोकंरा में 21 प्रतिशत अंश प्राप्त किया। सन 2006 में टाटा मोटर्स ने ब्राजील के मार्कोपोलो

के साथ मिलकर बसों के ऊपरी अंगों का निर्माण किया। सन 2006 में ही टाटा मोटर्स ने थाइलैंड के पोनबुरी ऑटोमोटिव एसेम्बली प्लांट कम्पनी से जुड़कर वाहनों का निर्माण किया। टाटा मोटर्स के नये उपकरण से जेनॉन पिक-अप ट्रक का निर्माण किया गया।

टाटा मोटर्स ने सन 1961 से निर्यात के जरिये अंतर्राष्ट्रीय बाज़ार में अपना स्थान बना चुकी है। इस कम्पनी के वाहन यूरोप, अफ्रीका, दक्षिण अमेरिका, पूर्वी-मध्य, दक्षिण-पूर्वी एंव दक्षिण एशिया में भी जाते हैं। इस कम्पनी के केन्या, बांग्लादेश, यूक्रेन, रूस व सेनेगल के साथ भी जुड़ाव है।

पिछले 50 वर्षों में कम्पनी ने उपभोक्ताओं की आवश्यकताएँ पूरी करके अत्यधिक विकास किया है। सन 1966 में बने कम्पनी के इंजीनियरिंग रिसर्च सेंटर में कार्यरत 2,500 इंजीनियर एवं वैज्ञानिकों ने नई तकनीकों व उत्पादों का निर्माण किया है। आज कम्पनी के आर. एंड डी. केन्द्र भारत में पूना, जमशेदपुर और लखनऊ तथा दक्षिण कोरिया, स्पेन और यू.के. में हैं। टाटा मोटर्स ने ही पहली बार हल्का वाणिज्यिक वाहन, भारत का पहला स्पोर्ट्स वाहन और सन 1998 में भारत की पहली यात्री कार 'टाटा इंडिका' का निर्माण किया। अपने लॉन्च के दो वर्ष के भीतर ही इंडिका भारत की सबसे अधिक बिकने वाली कार हो गई। वर्ष 2005 में टाटा मोटर्स ने 'टाटा एस' नामक मिनी ट्रक बनाया।

सन 2008 में टाटा मोटर्स ने असंभव को संभव कर जनता की कार 'टाटा नैनो' का निर्माण किया। यह विश्व की पहली सबसे सस्ती छोटी कार है। 'नैनो' मध्यवर्गीय परिवारों के लिए अत्यंत सुविधाजनक है। यह कार स्टैंडर्ड व डीलक्स प्रारूपों में उपलब्ध होगी। स्टैंडर्ड कार वैट हटाकर 1 लाख रु. की कीमत पर उपलब्ध होगी।

एक छोटे परिवार को ध्यान में रखकर बनाई गई इस कार में पैर रखने का स्थान व हेड रूम पर्याप्त है। इसमें चार व्यक्ति आराम से बैठकर यात्रा कर सकते हैं। भारत में सुरक्षा के सभी पैमानों पर भी नैनो खरी उतरती है। यह कार पर्यावरण की दृष्टि से भी संतुष्टि देती है।

आने वाले वर्षों में कई वाहनों का नवनिर्माण होगा। उपभोक्ताओं की आवश्यकताओं को पूरा करते हुए तकनीकी दृष्टिकोण से भी पर्यावरण प्रेमी वाहनों का निर्माण किया जाएगा।

टाटा मोटर्स ने कई उपलब्धियाँ पाई हैं। अभी भी टाटा मोटर्स न सिर्फ भारत में अपितु सम्पूर्ण विश्व में विकास करते हुए अपना झंडा फहरा रही है।

## टाटा स्टील्स

टाटा स्टील की खोज एवं स्थापना जमशेद जी नुसेरवंजी टाटा ने की थी। यह सम्पूर्ण भारत व एशिया का पहला स्टील प्लांट था। यह पहली भारतीय कम्पनी है, जिसने एंग्लो-डच स्टील बनाने वाली कम्पनी 'कोरस समूह' को प्राप्त किया।

छोटा नागपुर के पास चंदा में महत्वपूर्ण लौह पदार्थ मिले। जमशेदजी टाटा ने इस उपकरण की स्थापना हेतु बहुत संघर्ष किया। परन्तु वे उपकरण स्थान की खोज से तीन वर्ष पहले ही मृत्यु की गोद में लीन हो गए।

TATA

TATA STEEL

जमशेदजी ने जाने से पूर्व अपने स्वप्न को सुरक्षित हाथों में सौंप दिया था। उनके स्वप्न को साकार रूप देने वाले थे–जानेमाने परीक्षककर्ता सी.एम.वेल्ड, जमशेदजी के पुत्र डोराबाजी टाटा, ब्रिटिश हाउस ऑफ कॉमन्स के सदस्य शपुर्जी सक्लात्वला जो बाद में ब्रिटिश हाऊस ऑफ कॉमन्स के सदस्य के लिए चुने गए और न्यूयॉर्क के इंजीनियर चार्ल्स पेज पेरिन।

पेरिन ने इस उपकरण के लिए विवरणात्मक योजना की सूचना तैयार की। तब जाकर जमशेदपुर में उपकरण की स्थापना हुई।

26 अगस्त, 1907 को भारतीय पूंजी बाज़ार में टाटा लौह एवं इस्पात कम्पनी ने अपना पंजीकरण करवाकर अंश पाया।

तीन हफ्तों के भीतर ही भारतीय निवेशकों द्वारा 8,000 अंश दाता आगे आए। ग्वालियर के महाराज ने 400,000 पाउंड दान किये।

इस उपकरण का कार्य सन 1908 से प्रारंभ हुआ। 16 फरवरी, 1912 को यह उपकरण प्रारंभ हो गया है। इस कम्पनी में टाटा के पास 11 प्रतिशत का अंश है।

उस कम्पनी में काम करना आसान नहीं था। सन 1924 में केन्द्रीय वैधानिक समिति में स्टील उद्योग (सुरक्षा) विधेयक पारित किया गया।

जमशेदजी ने स्टील कम्पनी को बनाने का स्वप्न देखा था, परन्तु जे.आर. डी.टाटा ने कम्पनी को नई बुलंदियों तक पहुंचाया। उनके नेतृत्व में सन 1990 में टाटा स्टील का बाज़ार 62 करोड़ से 10,000 करोड़ तक पहुँच गया।

जे. आर.डी. टाटा ने रसा मोदी को अपना प्रबंधक बनाया। सन 1984 में वह स्वयं चेयरमैन एमिइटिस बन गए। मोदी ने 'जी' ब्लास्ट फरनेस का निर्माण किया।

जे.आर.डी. टाटा के उत्तराधिकारी के रूप में सन 1992 में रतन टाटा ने उनका स्थान लिया। महानिदेशक के रूप में जे.जे. ईरानी कार्यरत थे।

भारतीय अर्थव्यवस्था के बिगड़ने से टाटा स्टील की हालत चिंताजनक हो गई। 1990 के दशक में जारी मैक किसे रिपोर्ट के मुताबिक टाटा स्टील को स्टील को स्टील का कारोबार ही बंद कर देना चाहिए था। उसके बाद कई महत्वपूर्ण बदलाव किये गए। कम्पनी में कई नई स्कीमें लाई गईं।

सन 2001 में ईरानी के स्थान पर बी.मुथ्थुरमण आ गए। सन 2001-02 में स्टील की कीमतें गिरती चली गईं, परन्तु टाटा स्टील विश्व के बड़े स्टील निर्माता में से एक बन गया। पिछले कुछ वर्षों में मुथ्थुरमण के नेतृत्व में कम्पनी ने कोरस समूह को प्राप्त कर वैश्विक स्तर पर नये परचम लहरा दिए।

अपने 99 वें वर्ष में ही कम्पनी 56वें स्थान से विश्व की छठी सबसे बड़ी कम्पनी बनकर उभरी। यह कतई आसान नहीं था। न्यूयॉर्क स्टॉक एक्सचेंज में शामिल कम्पनियों में से आज 2.1 प्रतिशत कम्पनी ही शेष हैं। बाकी अन्य सभी कम्पनियाँ विलुप्त हो चुकी हैं।

## टाटा केमिकल्स

टाटा केमिकल्स लिमिटेड. की स्थापना सन 1939 में हुई थी। आज यह कम्पनी सोडा ऐश की विश्व की दूसरी सबसे बड़ी उत्पादक है। इसका निर्माण भारत, अमेरिका, केन्या व यू.के. में होता है। यह कम्पनी सल्फयूरिक एसिड, फॉसफॉरिक एसिड, सोडियम बाइकारबोनेट, सोडियम ट्रिपोली फॉसफेट आदि का निर्माण भी करती है। यह कम्पनी यूरिया व फॉरिक उपजाऊ का भी निर्माण करती है।

1920 के दशक में कपिल राम वकील नामक रासायनिक इंजीनियर ने गुजरात के ओखामंडल में नमक कार्यों के विकास हेतु कार्य प्रारंभ किया।

उन्होंने इसके लिए बड़ौदा के महाराज सयाजी राव गायकवाड़ से बातचीत की। महाराज ने राज्य की विकास हेतु आज्ञा दे दी। सन 1927 मे वकील ने ओखामंडल नमक कार्यालय की स्थापना की और वी.टी कृष्णामचारी (बड़ौदा के दीवान) ने नींव के पत्थर की स्थापना की।

सन 1939 में टाटा इसमें सम्मिलित हुए। तदोपरांत टाटा केमिकल्स की रचना हुई। वकील इस कम्पनी के निदेशक रहे। उस दौरान विश्व की केवल छह कम्पनियाँ ही सोड़ा ऐश बनाना जानती थीं। एक नौजवान केमिकल इंजीनीयर, दरबारी सेठ, ने विदेशी मदद लेने में आपत्ति जताई।

सन 1944 में उपकरण का उत्पादन 80 टन प्रति दिन तक बढ़ गया। सन 1964 में 4000 टन तक यह आंकड़ा पार हो गया।

## टाटा कन्सलटेन्सी सर्विसेज़

टाटा कन्सलटेन्सी सर्विसेज़ (टी.सी.एस.) आई.टी. कम्पनी, बिज़नेस सॉल्युशन एवं आउटसोर्सिंग कम्पनी है। टी.सी.एस. की स्थापना सन 1968 में की गई थी। टी.सी.एस. में पूरे विश्व के 50 देशों में 111,000 आई.टी. परामर्श-दाता हैं।

**व्यापार के क्षेत्र**

टी.सी.एस. के अनुभवी ने इसे कई क्षेत्रों में फैला दिया है। यह बैकिंग,

TATA

TATA CONSULTANCY SERVICES

स्वास्थ्य सेवा, यात्रा परिवहन, दूरसंचार, ऊर्जा, निवेश इत्यादि जैसे क्षेत्रों में फैला हुआ है। यह कम्पनी आई.टी.सेवा, आउटसोर्सिंग, व्यापारिक समाधान, परामर्श, आउटसोर्सिंग से व्यापार प्रक्रिया, इंजीनियरिंग और औद्योगिक नौकरी, एन्टरप्राइज सॉल्यूशन, नव निर्माण सेवा, आई.टी. इन्फ्रास्टचर सेवा इत्यादि में कार्यरत है।

**सहायक, संयुक्त कार्य एवं समर्थक :** टी.सी.एस. की सम्पूर्ण विश्व में पचास से भी अधिक सहायक हैं।

**प्रत्यक्ष सहायक**

- एपी ऑनलाइन

- सी-एज टेक्नोलॉजिस
- सी.एम.सी
- डिलीजेन्टा
- एक्सजिनिक्स कनाडा इन्क
- टाटा अमेरिकन अंतर्राष्ट्रीय संगठन
- टाटा कन्सलटेन्सी सर्विसेज़ बेल्जियम एस. ए.
- टाटा कन्सलटेन्सी सर्विसेज़ ड्युश्लैंड जीएमबी.एच.
- टाटा कन्सलटेन्सी सर्विसेज़ फ्रांस्र एस.ए.
- टाटा कन्सलटेन्सी सर्विसेज़ नीदरलैंड्स बी.वी.
- टाटा कन्सलटेन्सी सर्विसेज़ विरिज ए.बी.
- टाटा कन्सलटेन्सी सर्विसेज़ स्विटजरलैंड
- टाटा इन्फोटेक (सिंगापुर) पीटे
- टाटा इन्फोटेक ड्युश्लैंड जीएमबी.एच.
- टी.सी.एस. एफ.एन.एस पीटी
- टी.सी. एस. आइबेरो अमेरिका एस.ए.
- डब्ल्यू.टी.आई.उन्नत तकनीक (एड्वांस्ड टेक्नोलॉजी)

**अप्रत्यक्ष सहायक**

- सी.एम.सी. अमेरिकास इन्क
- स्वीडिश इंडियन आई.टी.रिर्सोसिस ए.बी.
- टाटा सूचना तकनीक
- टाटा कन्सलटेन्सी सर्विसेज़ सॉल्युशन सेन्टर एस.ए.
- टाटा कन्सलटेन्सी सर्विसेज़ अर्जेंटीना एस.ए.
- टी.सी.एस. ब्राजील एस/सी
- टाटा कन्सलटेन्सी सर्विसेज़ डे मेक्सिको एस.ए.डे.सी.वी.
- टी.सी.एस. डे मेक्सिको एस.ए.डे.सी.वी.
- टी.सी.एस. इन्वर्सन्स चाइल
- टाटा कन्सलटेन्सी सर्विसेज़ डे एसपाना
- टाटा कन्सलटेन्सी सर्विसेज़ डो ब्राजील
- टाटा कन्सलटेन्सी सर्विसेज़ चाईल एस.ए.
- टाटा कन्सलटेन्सी सर्विसेज़ जापान
- टाटा कन्सलटेन्सी सर्विसेज़ मलेशिया एस.डी.एन. बी.एच.डी.
- टाटा कन्सलटेन्सी सर्विसेज़ लक्सम्बर्ग एस.ए कैपलेन
- टाटा कन्सलटेन्सी सर्विस पुर्तगाल यूनीपेंसेयोल

- टाटा कन्सलटेन्सी सर्विस चाइल
- क्रोमीक्रोम एसए
- सिसटेको एसए
- पेंटाक्रॉम एसए
- पेंटाक्रॉम सर्विस एसए
- सिसक्रॉम
- कस्टोडिया डे डाकयूमेंटोस इंट्रेस
- फाइनेशियल नेटवर्क सर्विस (होल्डिंग्स) पेंटी
- फाइनेंशियल नेटवर्क सर्विस पेंटी
- फाइनेंशियल नेटवर्क सर्विस (फसिलिटी मैनेज़मेंट) पेंटी
- फाइनेंशियल नेटवर्क सर्विस (यूरोप) पेल्क
- फाइनेंशियल नेटवर्क सर्विस मलेशिया सिंदबाद
- टीसीएस फाइनेंशियल नेटवर्क सर्विस
- वोंग वान इन्वेस्टमेंट्स
- फाइनेंशियल नेटवर्क सर्विस (अफ्रीका) पेंटी
- फाइनेंशियल नेटवर्क सर्विस चाइल

टी.सी.एस. का मुख्यालय मुंबई में है। इसका विस्तार 45 देशों में फैला हुआ है। इसका प्रशिक्षण केन्द्र भारत के तिरुअनंत-पुरम में है एवं पूना में टाटा शोध विकास एवं रचना केन्द्र है।

## टाटा चाय

आज टाटा चाय का समूह 60 देशों उपलब्ध है। यह कम्पनी विश्व का दूसरा सबसे बड़ा चाय का ब्रांड है। इसमें सम्मिलित कम्पनियाँ टाटा चाय, टाटा कॉफी व यू.के. की टेटली समूह शामिल हैं। यह कंपनी सन 1964 में स्थापित की गई थी। टेटली ब्रांड विश्व का दूसरा सबसे बड़ा टी-बैग ब्रांड है। इस समूह की अब दक्षिण अफ्रीकी चाय कम्पनी जॉकेल्स टी पैकर्स और पॉलिश टी ब्रांड्स विटाक्स और फ्लोसाना में रुचि है।

### व्यापार के क्षेत्र

**चाय के ब्रांड :**-कम्पनी के भारतीय बाज़ार में चाय के पांच मुख्य ब्रांड हैं :- टाटा चाय, टैटली, कनन देवन, चक्र गोल्ड और जेमिनी।

टाटा चाय टेटली, जेम्का व गुड अर्थ नामक ब्रांड में काली, हरी, हर्बल व फ्रूट चाय बेचती है। टाटा कॉफी प्रतिवर्ष 9,000 करोड़ टन कॉफी का उत्पादन करती है। यू.एस. में एइट ओ' क्लॉक कॉफी, का तीसरा सबसे बड़ा ब्रांड है। टाटा चाय कम्पनी एनर्जी ड्रिंक व डिब्बा बंद जल भी उपलब्ध कराती

है। भारत में कम्पनी के 50 चाय के बागान हैं।

टाटा चाय इन कम्पनियों से भी जुड़ी हुई है:- माउंट ऐवरेस्ट मिनरल वॉटर कम्पनी, वाटावाला प्लांटेशन्स, कनन देवन हिल्स प्लांटेशन कम्पनी, झेज़िआंग चाय निर्यात-आयात कम्पनी। इस कम्पनी का मुख्यालय भारत के कोलकाता में है। इसके उपकरण यू.के., यू.एस., ऑस्ट्रेलिया, कनाड़ा, पॉलैंड, रूस, पाकिस्तान, बांग्लादेश व दक्षिण अफ्रीका में भी हैं।

**टाटा टेलीसर्विसेज़**

टाटा टेलीसर्विसेज़ के जरिए टाटा समूह ने टेलीकॉम क्षेत्र में प्रवेश किया। भारत में सी.डी.एम.ए. तकनीक का विकास टाटा टेलीसर्विसेज़ से ही हुआ। इसकी शुरुआत सन 1996 में हुई थी। इस कम्पनी के मोबाइल, टेलीफोन, पब्लिक बुथ टेलीफोन, वायरलेस फोन, वायरलाइन सेवा इत्यादि जैसी सुविधाजनक चीज़ें उपलब्ध हैं।

टाटा टेलीसर्विसेज़ के देश के 7,500 शहरों में लगभग 32 करोड़ उपभोक्ता हैं। इस कम्पनी ने जनवरी, 2005 में मोबाइल की शुरुआत की। आज भारत में इसके 22 टेलीकॉम सर्किल हैं।

बेतार टेलीफोन के बाज़ार में यह कम्पनी नेतृत्व कर रही है। टेलीकॉम रेग्यूलेटरी अथॉरिटी ऑफ इंडिया द्वारा करवाए हुए कुछ स्वतंत्र सर्वे के अनुसार टाटा का नेटवर्क सर्वश्रेष्ठ है।

**व्यापार के क्षेत्र**

टाटा टेलिसर्विसेज़ मोबाइल सेवा, बेतार फोन सेवा, पब्लिक बूथ फोन, तार सेवाएं उपलब्ध करवाती हैं इस कम्पनी द्वारा वॉयस पोर्टल, रोमिंग, पोस्ट-पेड

TATA
indicom

इन्टरनेट सेवा, थ्री-वे कांफ्रेसिंग ग्रुप-कॉलिंग, वाई-फाई इन्टरनेट, यू.एस.बी. मॉडेम, डाटा काड्र्स, कॉलिंग-कार्ड सेवा, एन्टरप्राइज सेवाएँ भी उपलब्ध करवाई जाती हैं। कम्पनी के कुछ और उत्पादों में प्री-पेड वायरलेस डेस्कटॉप फोन, वॉयस एंड डाटा सर्विस (बी.आर.ई.डब्ल्यू खेल, वॉयस पोर्टल, पिक्चर मेसेष, पोलीफोनिक रिंग टोन) और न्यूज, क्रिकेट, एस्ट्रोलॉजी इत्यादि सुविधाएँ शामिल हैं।

सन 2009 से कम्पनी ने जी.एस.एम.सेवा भी शुरू कर दी है। यह कम्पनी पोस्ट-पेड मोबाइल कनेक्शन ऑनलाइन चैनल -www.ichoose.in दिलवाने वाली भारत की पहली कम्पनी है।

**सहायक, संयुक्त कार्य एवं समर्थक**

- टाटा टेलीसर्विसेज़ (महाराष्ट्र)
- वर्जिन मोबाइल इंडिया

इस कम्पनी का मुख्यालय भारत के मुंबई शहर में स्थित है।

## टाइटन उद्योग

टाइटन इंडस्ट्री विश्व की छठी सबसे बड़ी कलाई की घड़ी की निर्माता है। टाइटन इंडस्ट्रीज़ भारत में टाइटन, सोनाटा, ज़इलिस, नेब्यूला, फास्ट्रैक इत्यादि जैसे ब्रांडों के उत्पादक हैं। इसमें टाटा समूह के साथ-साथ तमिलनाडु औद्योगिक विकास संघ भी सम्मिलित है। यह कम्पनी समकालीन व पारंपरिक डिज़ाइन के आभूषण, घड़ी व अन्य सहायक वस्तुएँ बेचती है। यह कम्पनी 32 देशों में घड़ियाँ निर्यात करती है। इनका निर्माण गोवा, देहरादून, होसुर से होता है। टाटा ग्रुप का ही एक ब्रांड तनिष्क भारत का एकमात्र राष्ट्रीय ब्रांड आभूषण है।

टाइटन घड़ी की शुरूआत सन 1987 में हुई थी। एच.एम.टी. और ऑलवाइन कम्पनी के बाद यह तीसरी वॉच कम्पनी थी। टाइटन ने टाइमैक्स के

साथ सन 1998 तक सम्पूर्ण भारत में एक बड़ा व मजबूत नेटवर्क स्थापित कर लिया। सन 2005 तक टाइटन वॉच ने भारतीय बाज़ार का करीब 25 प्रतिशत अंश अपने नाम कर लिया। टाइटन कम्पनी के सहायक लंदन, दुबई, एडेन और सिंगापुर से करीब 40 देशों में इन उत्पादों को बेचते हैं। टाइटन इंडस्ट्रीज़ ने विश्व की सबसे पतली घड़ी टाइटन ऐज का निर्माण करने का दावा किया है।

## तनिष्क

तनिष्क आभूषणों का भारत का जाना-माना ब्रांड है। तनिष्क भारत का सबसे बड़ा आभूषण ब्रांड है, जो हीरे व रंग-बिरंगे पत्थर और 22 कैरेट सोना उपलब्ध करवाता है। तनिष्क ने भारत में सर्वाधिक विकास किया है। तनिष्क की स्थापना सन 1995 में की गई थी। तनिष्क ने इस क्षेत्र में कई नई तकनीकों का निर्माण किया है। तनिष्क ने असली सोने की पहचान के लिए अविनाशकारी यंत्र कैरेटमीटर बनाया।

तनिष्क ने आभूषण के क्षेत्र में कई शोध किए हैं। तत्पश्चात भारत में उत्पादन शुरू किया। तनिष्क की 1,35,000 स्क्वायर फीट के कारखाने में आधुनिक मशीनें लगी हैं। इनका कारखाना तमिलनाडू के होसुर में बना हुआ है। यहाँ कारीगरों का अन्य जगहों की तरह शोषण नहीं होता। कारीगरों को अच्छी तनख़्वाह मिलती है।

## टाटा पावर

यह कम्पनी सन 1911 में टाटा हाइड्रोइलेक्ट्रिक पावर सप्लाई कम्पनी के नाम से शुरु हुई थी। यह कम्पनी टाटा हाइड्रोइलैक्ट्रिक पावर सप्लाई कम्पनी और सन 1916 में बनी आंध्रा वैली पावर सप्लाई कम्पनी का सर्व सम्मिलित रूप है। आज टाटा पावर कम्पनी लिमिटेड भारत की निजी क्षेत्र की सबसे बड़ी विद्युत सुविधा उपलब्ध कराने वाली कम्पनी है। यह 23000 मेगावॉट बिजली

उपलब्ध कराने की क्षमता रखती है। यह कम्पनी भारत के ऊर्जा क्षेत्र की मार्ग दर्शक है। टाटा पावर थर्मल, हाइड्रो, सोलर व विंड एरिया में पावर जनरेशन, ट्रासमिशन व रिटेल में कार्यरत है। टाटा पावर के संस्थापकों ने सर्वप्रथम सन 1915 में भिवपुरी, खोपोली व करजात में भारत का पहला हाइड्रोइलेक्ट्रिक परियोजना प्रारंभ की।

इस कम्पनी के थर्मल पावर स्टेशन्स मुंबई के ट्रॉम्बे, झारखंड के जोजोवेरा और कर्नाटक के बेलगाम में है। हाइड्रो स्टेशन्स महाराष्ट्र के पश्चिमी खाड़ी और अहमदनगर में स्थित हैं। टाटा ने भारत में सर्वप्रथम ट्रॉम्बे में 500 मेगावॉट इकाई, भिरा में 150 मेगावॉट का पहला पंप्ड स्टोरेज यूनिट व प्रदूषण पर संयम लगाने के लिए ट्राम्बे में पहला गैस डीसल्फराइजेशन प्लांट लगाया। पिछले नौ दशकों से टाटा पावर मुंबई के उपभोक्ताओं की सेवा में उपलब्ध है।

TATA

TATA POWER

इस कम्पनी के अन्य दफ्तर दिल्ली की एक डिस्ट्रीब्यूशन कम्पनी, झारखंड व कर्नाटक में स्थित हैं। दिल्ली में दिल्ली सरकार के साथ मिलकर नार्थ दिल्ली पावर लिमिटेड. ने काफी सफलता हासिल की। दिल्ली सरकार व टाटा पावर ने पांच वर्षों के अनुबंध पर हस्ताक्षर किए हैं। इस सर्वसम्मिलित कम्पनी ने पांच वर्षों में हानि को 51 प्रतिशत से 28 प्रतिशत पर ला दिया है।

यह कम्पनी अंतर्राष्ट्रीय स्तर पर पूर्वी-मध्य अफ्रीका व दक्षिण पूर्वी एशिया में भी कार्यरत है। टाटा पावर ने मुंद्रा में 4000 मेगा वॉट पावर प्लांट बनाने का इकरारनामा अपने नाम कर लिया है।

## टाटा कम्यूनिकेशन्स

टाटा कम्यूनिकेशन्स लिमिटेड. भारत की सबसे बड़ी टेली कम्यूनिकेशन कम्पनी है। यह कम्पनी अंतर्राष्ट्रीय स्तर पर लांग डिस्टेंस कॉल, इन्टरनेट सर्विस

इत्यादि जैसी सुविधाएँ उपलब्ध करवाती है। पहले यह कम्पनी विदेश संचार निगम लिमिटेड. नाम से जानी जाती थी। टाटा कम्यूनिकेशन मुंबई में स्थित है। यह 40 देशों व 80 शहरों में कार्यरत है। इस कम्पनी के सबमैराइन केबल्स भी हैं। विश्व में टाइको ग्लोबल नेटवर्क का सबसे बड़ा नेटवर्क है।

सन 1986 में वी.एस.एन.एल. सरकार के आधीन कम्पनी के रूप में

TATA

TATA COMMUNICATIONS

स्थापित हुई। सन 2000 में टाटा समूह ने वी.एस.एन.एल. को अपने भीतर समाहित कर लिया। फरवरी 2008 में वी.एस.एन.एल. का नाम बदलकर टाटा कम्यूनिकेशन लिमिटेड. रख दिया गया। फरवरी 200 में टाटा कम्यूनिकेशन ने 2 अरब यू.एस. डॉलर के कैश्विक विस्तार योजना का ऐलान किया।

## टाटा स्काई

टाटा स्काई में 80 प्रतिशत शेयर टाटा समूह का व 20 प्रतिशत स्टार टी. वी. का है। टाटा स्काई का यह सम्मेलन सन 2004 में हुआ था, परन्तु यह सन 2006 में लॉन्च हुई थी। टाटा स्काई हाल में 140 चैनल के करीब उपलब्ध करवाता है। यह स्काई ब्रांड ब्रिटिश स्काई ब्रॉडकॉस्टिंग द्वारा चलाया जाता है।

अक्टूबर, 2008 में टाटा स्काई ने पी.वी.आर. सेवा के साथ-साथ 4-एम. पी.ई.जी. सेट टॉप बॉक्स में 45 घंटे की रिकॉर्डिंग सुविधा उपलब्ध कराने का ऐलान किया।

## वोल्टास

वोल्टास लिमिटेड भारत के मुंबई में स्थित एयर-कडीशनर रेफ्रिजिरेटर जैसे विद्युतीय उपकरण बनाती है। यह कम्पनी हीटिंग, वेंटिलेशन, इलैक्ट्रो मैकेनिकल प्रौजेक्ट, टेक्सटाइल मशीनरी इत्यादि जैसी चीज़ें बनाती हैं।

## टाटा टेक्नोलॉजी

इस कम्पनी का आधिकारिक मुख्यालय पूना के बाहर हिजेवाड़ी के इन्फोटेक पार्क में है। यह कम्पनी थाईलैंड, यू.एस व यूरोप में भी कार्यरत है।

## टाटा ए.आई.जी.

टाटा ए.आई.जी. जनरल इंशोरेंस कम्पनी लिमिटेड. टाटा ग्रुप व अमेरिकन इन्टरनेशनल ग्रुप का सर्वसम्मिलित रूप है। टाटा ग्रुप के इस कम्पनी में 74 प्रतिशत हिस्सा व ए.आई.जी. का हिस्सा 26 प्रतिशत है। यह कम्पनी 22 जनवरी, 2001 के मोटर, घर, दुर्घटना, स्वास्थ्य, यात्रा, संपत्ति इत्यादि के लिए बीमा देता रहा है।

अमेरिकन इन्टरनेशनल ग्रुप 130 देशों में कार्यरत है। ए.आई.जी. न्यूयॉर्क स्टॉक एक्सचेंज की सूची के साथ-साथ पेरिस, स्वीट्जरलैंड व टोक्यो के स्टॉक एक्सचेंज सूची में भी शामिल हैं।

❑

# 15

# टाटा की असीमितता

रतन टाटा के साथ बातचीत में यह बात ज़ाहिर हुई है कि टाटा समूह के उत्तराधिकारी इसका अधिक विकास चाहते हैं।

बीते चार वर्षों में रतन एन.टाटा ने लाभ के नए अवसर स्थापित किए। टाटा समूह भारत का एक पुराना व बड़ा पिंड है, जिसने सभी बड़े व्यवसाय जैसे स्टील, कार, होटल तथा सूचना तकनीकी संबंधी सेवाएं प्रदान कीं। कोरस समूह एंग्लो-डच और बोस्टन में कार्लटन के लाभों की प्राप्ति से पहले टाटा ग्रुप अगले पाँच सालों में 28 बिलियन डॉलर पूंजीगत राशि देश के उद्योगों में निवेश करने का प्रावधान कर रहे हैं।

69 के पड़ाव पर अब व्यावसायिक दृष्टि की शुरुआत पर ध्यान रखना चाहिए। बिज़नेस वीक के पेट इन्गारडो और नंदनी लक्ष्मण के साथ बॉम्बे हाउस पर साक्षात्कार में स्पष्ट रूप से सबको चकित करते हुए विशिष्ट समय के मुंबई स्थित टाटा समूह के प्रधान कार्यालय के विषय में सामूहिक चर्चा की। इस चर्चा में टाटा समूह के वैश्विक ढाँचे की रणनीति के बारे में बात हुई। उन्होंने अपनी सफलता, नाराजगी और बचे हुए कार्य-संबंधी सूची से हमें अवगत कराया।

- **वैश्विक स्तर पर आपके उद्भव के क्या कारण थे?**

आठ साल पहले हमने कम्पनी के लोगों से पूछा कि भारत में विकसित होने के लिए क्या किया जा सकता है। हालांकि हम यह जानना चाहते थे ऐसी कौन-सी चीज़ है, जिससे हम प्रमुख बाज़ारों में अपना उच्च स्थान कायम कर सकें और किस रास्ते से वहाँ पहुँचे।

चार साल पहले हमने कम्पनी के ढांचे को समझने का फैसला किया। अपने लक्ष्य को बड़ा किया। इसके अतिरिक्त हमने बीते समय से अधिक कठिन रास्तों का चयन किया। भारत और चीन के तुलनात्मक अध्ययन से कुछ शुरूआत अवश्य हुई जिससे मैं प्रत्येक वस्तु की मात्रा का अंतर समझ

पाया। वह बंदरगाह का निर्माण कार्य करें या कुछ दूसरे निर्माण कार्य, लेकिन वह विश्वभर में अपने को ही श्रेष्ठ बोलेंगे। मुझे लगा कि चीन की प्रत्येक वस्तु उसे बड़ा बनाती है। वह बहुत तेज़ी से आगे बढ़ते हैं। उनका विकास दर हमारी अपेक्षा एक गति के साथ बढ़ता रहता है।

वर्ष 2003 में इस स्थिति ने मुझे आदेश दिया कि अपनी विकास दर पर विचार किया जाए। यह विचार केवल कम्पनी के बाहरी विकास के लिए ही नहीं अपितु आंतरिक विकास के संदर्भ के लिए भी था। इस तरह हम घरेलू स्तर से उठकर वैश्विक स्तर पर पहुँच पाएं। फिर हमने इसको आगे बढ़ाया और व्यवसाय में धोखा देने वालों की जाँच की।

- **सब लाभ प्राप्त करना क्यों चाहते हैं?**

अब हमारी कम्पनी पहले से ज़्यादा महत्वपूर्ण हो गई थी। निश्चित ही अंतर्राष्ट्रीय राशि के द्वार खुले। अंतरर्राष्ट्रीय स्तर घरेलू स्तर से स्थितिवश ऐसी रणनीति बन गई जिससे विकास के मार्ग खुल गए। उदाहरण के लिए भारत में मोटर बाज़ार भी तेज़ी से बढ़ सकता है लेकिन हम लोग वहाँ कमज़ोर साबित होते हैं।

- **आपके लाभकर्ता मानचित्रों के चारों तरफ विद्यमान हैं। क्या यह आपकी कोई रणनीति है?**

हम अपने कदम आगे बढ़ाना चाहते हैं। जिससे विदेशों में भी हम कुछ अर्थ स्थापित करें। हम प्रत्येक मूल्यपरक स्थान पर होना चाहते हैं। अतः हम कह सकते हैं कि हम मानचित्र के हर कोने में लाल रंग के निशान लिए हुए मौजूद हैं।

प्रत्येक लाभकर्ता की रणनीति का कारण था, टेटली (जो 2001 में ब्रिटिश कम्पनी टाटा टी के द्वारा खरीदा गया) जो ब्रांड चाहता था। डेवू मोटर के भारी ट्रक हैं, जो हमारे पास नहीं थे।

यूरोप में कोरस बहुत अधिक संतुलित था। इसके पास कुशलतम उत्पाद थे। हम 19 मिलियन टन उत्पादन की क्षमता केवल एक कम्पनी से ही पा सकते थे। जिसके कदम पूरे यूरोप में थे।

होटल के लिए हमारे पास भौगोलिक योजनाएं हैं। हम मूर्तिकारी होटल के लिए स्थान देख रहे हैं। हम किसी श्रृंखला में नहीं बंध रहे। हमने यू.एस. में तीन से चार स्थान देखे हैं। एक या दो यूरोप में, दक्षिण अमेरिका में और भारतीय महासागर इत्यादि पर आगे भी कहीं और आप देखें।

- **रिट्ज और पिरेर होटल जैसे नामों के साथ आप क्यों जुड़े? जबकि आपके पास ताज जैसे नाम पहले से ही मौजूद था।**

दो तरीके थे जिससे आगे बढ़ा जा सकता था। ताज जैसा नाम विदेशों में चारों तरफ पहले से था लेकिन मूर्तिकारी जैसे होटल के साथ जुड़कर यह काम आसान हो गया। इससे लोगों को एहसास हुआ कि यह होटल हमारा है। हम इस ब्रांड को आगे भी बनाए रखना चाहते थे। रिट्ज में बॉस्टन अब ताज बॉस्टन है और हमने अभी सैन फ्रैंसिस्को के कॅमडान पैलेस के साथ डील पर समझौता किया है। हम अपने ब्रांड बनाए रखेंगे। हमारे पास अपना पिरेर नहीं है लेकिन काफी समय बाद भी यह पिरेर ब्रांड ही बना हुआ था।

ठीक इसी वक्त आप कीमती होटल खरीद रहे हैं लेकिन एक बड़ा आधार है जिसे हमने नहीं देखा। भारत में हमने कहा– 'शायद हमें परंपराओं को तोड़ देना चाहिए जिससे भविष्य में 600 मिलियन लोग बाज़ार में आगे आ सके। मैं पूछना चाहता हूँ कि हम अपने उत्पाद को किस स्तर पर ऊँचा ले जा सकते हैं।

क्या हम 200 डॉलर कारों का उत्पादन कर सकते हैं और क्या हम 25 डॉलर रात्रि होटल की स्थापना कर सकते। हालांकि यह एक बड़ा खर्च है।

- **क्या कम लागत वाले होटल को यू.एस. से लाने के लिए प्लान करते हैं?**

यह दार्शनिक या मौलिक रूप से गलत होगा कि वहाँ जाकर यू.एस.

से गैर झालरदार वस्तुओं को लाएँ। यदि हम बाज़ार के एक स्तर तक जाते हैं तो हम एक मूल्य स्थापित करते हैं। भारत में ताज ग्रुप के होटल एक मूल्य स्थापित करते हैं।

- **क्या आप भारत में अपनी प्रगति से संतुष्ट है?**

हम बहुत अधिक सफल नहीं है। हम उत्पादों को तलाश रहें हैं लेकिन हमने अपने व्यवसाय को उतना ऊँचा उठाया जितना ऊँचा हमें उठाना चाहिए था। हमें बाज़ार के इन उत्पादों को अलग तरह से देखना चाहिए। उदाहरण के तौर पर कार की बिक्री के लिए अकेले ऐसे सेवारत् व्यक्तियों की तलाश है, जो बीमा आदि का भी काम संभाल सकें और वह अपना सैटलाइट सर्विस स्टेशन भी चला ले।

- **निशान कॉरलो घोसन भी अब भारत में कम लागत वाली कारें बनाना चाहते हैं, तो क्या ये परेशानी की बात है?**

यह कोई परेशानी की बात नहीं है। वह ऐसा इसलिए कह रहे हैं क्योंकि उसमें उनको यकीन है। मि. सूजुकी (सूजुकी मोटर के अध्यक्ष) कहते हैं कि यह नहीं हो सकता। जब हमने इंडिका का उत्पादन किया था तब यह 4,000 डॉलर की कार थी लेकिन दूसरों के साथ यह 7000 डॉलर की रही। किन्तु अब इसे 2000 डॉलर तक की सीमा में क्यों नहीं कर देना चाहिए।

- **क्या आप इसके डिज़ाइन से खुश हैं?**

मेरी उम्मीद से इसका डिजाइन बिल्कुल अलग था, लेकिन फिर भी यह कार तो निश्चित ही है। मैं इस बात से निराश था कि हम परपंरागत तौर से इस्तेमाल होने वाले स्टील का ही इस्तेमाल किया बजाय प्लास्टिक के। जनरल इलैक्ट्रिक भी काफी उत्सुक थे कि हम प्लास्टिक की कार बनाएं। किन्तु इस कार की कीमत स्टील की कीमत से बहुत ज़्यादा है। इसलिए पारंपरिक कारें ही बन पा रही हैं।

पहली बार मैंने रेग्युलर कार से हटकर एक अलग कार के लिए सोचा था लेकिन यह संभव न हो सका जब आप इसके कार्य प्रक्रिया में जुड़ते हैं, तो आप नहीं चाहते कि आपके साथ इसमें कोई दखलअंदाजी करे। शुरूआत में कार के लिए बाज़ार की दर कम थी। हमने मोटर की सफलता के बाद ही मोटर कार की तरफ आगे कदम बढ़ाएं और सीधे परिवारों से जुड़ें। फिर हमें एहसास हुआ कि लोग इन्हीं कारणों की वज़ह से कार की तरफ ध्यान नहीं दे रहे थे। हमने उनके इस एहसास को उनके दरवाज़े और खिड़कियों तक पहुँचाया।

- **इसकी लागतों को आपने कैसे कम किया?**

सबसे पहले यह छोटी कार है। यह बहुत अलग, हल्की व दूसरी कारों

से कम इस्तेमाल की गई चीज़ों से बनी है। इसमें बहुत जगह नहीं है। इसमें हवा निकलने के लिए भी छेद नहीं है। यह बहुत सुगठित है। इसका डैशबोर्ड कठोर हो सकता है। इसकी सीटे दुबारा बिकने योग्य नहीं होती। यह पावर विण्डो व पावर स्टीरिंग से सुशोभित है।

- **सन 1991 में जब आपने इस ग्रुप को लिया, तब आप इसके वर्ग को छोटा करना चाहते थे लेकिन ठीक वहीं अब पहले से ज़्यादा कम्पनियाँ हैं। क्या यह ज़्यादा बढ़ गई है?**

वैसे जब मैं सिर्फ एक क्षेत्र में सफल नहीं हुआ तो मैंने तय किया था। हमारे पास लगभग 80 से 90 कम्पनियाँ हैं और 40 व्यवसायों में 300 सहायक कार्यकर्ता। हमने कहा था कि हम इसे 15 व इससे नीचे ले जाएंगे।

हमने कम्पनी के मेल से यह थोड़ा बहुत किया और कुछ व्यवसायों से हम बाहर आ गए लेकिन हमने कुछ नये व्यवसाय भी अवश्य जोडें।

हमने प्रत्येक व्यवसाय में मजबूत व्यक्तियों को नियुक्त किया। वे कम्पनी के माँ के समान है। हमने पहले से कम सक्रिय व्यवसाय में छोटे समूह स्थापित किए। यह कि आप साथ में देखेंगे तो हम अनेक और बहुत बड़े हैं।

- **इसके संकुचन के लिए क्या हुआ?**

हमने कम्पनियों से कहा लेकिन वह सबके बीच बाज़ारों में तीसरे नम्बर पर बने रहना चाहते थे और कुछ थे भी। वहाँ नई चुनौतयाँ मिली। प्रश्न फिर यही उठता है कि हम अपने लिए ऐसा क्यों कर रहे हैं और उनके लिए नहीं। फिर ऐसे में हमारे पास कोई जवाब नहीं रह जाता।

- **क्या आपके पास सभी व्यवसायों के लिए उचित बैंडविथ**

**समिति है?**

यह एक समस्या है। हमें बैंडविथ समिति को सही व मूल्यपरकता के साथ आगे बढ़ाना है। यह आप तब तक यकीन नहीं कर सकते जब तक वह व्यक्ति आपके साथ जुड़ न जाएं। हमें नए युवाओं को नियुक्त करने की ज़रूरत है। फिर भी हमारे साथ सालों के अनुभवी लोग भी जुड़े हैं।

- **निजी तौर पर आप कैसे हैं? क्या आप लोगों से अधिक है?**

मैं महसूस करता हूँ कि मुझे ऐसा होना चाहिए लेकिन मैं उनसे कहीं ज़्यादा उलझा और परेशान व्यक्ति हूँ। कुछ मेरे परिचित लोग शायद मुझसे सहमत होंगे।

- **क्या आप सोचते हैं कि यह भविष्य में व्यापक निगम हो सकता है?**

भारत में शेयरधारी उसे पैसों की तरह नहीं देखते जो इनसे जुड़े हैं जिससे उसका वितरण हो सके। मेरे ख्याल से आपको ब्राजील केन्या या सेंन्ट्रल अमेरिका में ऐसी कम्पनियाँ देखनी चाहिए और इसको यू.एस. के दक्षिणी राज्यों मे विस्तार के रास्ते ढूंढने चहिए।

- **आप उत्तराधिकारी के तौर पर अभी तक निर्दिष्ट नहीं किया। आप इस बारे में क्या कहना चाहते हैं?**

यह एक समस्या है। यह ऐसी चीज़ है जिसे मैंने बीते समय कहा लेकिन मैं जब से यहाँ हूँ, वह कर नहीं पाया। ग्रुप के अंदर व बाहर विरोध करने वाले लोग मौजूद हैं। लेकिन इसी चीज़ को आगे ले जाने वाला एक भी व्यक्ति नहीं है। इसको छोड़ने में मेरे पास 24 महीने हैं और इसे छोड़ने के लिए मुझे 75 का होना ज़रूरी नहीं है किन्तु यह जल्दी होगा। खैर कोई बात नहीं, मैं सबको चौंकाते हुए अपनी उम्मीद के मुताबिक सही व्यक्ति का चुनाव कर लूंगा।

- **अब आपकी बड़ी चुनौतियाँ क्या है?**

मेरे ख्याल से दूसरे लोग मूल्यपरकता के साथ तेज़ी से बढ़े और आगे तक पहुँचे लाभ प्राप्त करने से पहले हमने उस समय काफी पैसा खर्च किया था और समिति के साथ नियमों का बेहतर सामंजस्य स्थापित किया। यदि हम ऐसा करते हैं तो हम आगे बढ़ेंगे क्योंकि बहुत मुश्किल था कि हम हज़ारों मील दूर अपनी वास्तविक संस्कृति को बदल दें। कोरस के साथ हम यह जान पाए कि तीन-चार बड़े लोग उचित अनुमान नहीं लगा पाए। वैसे यदि हम आगे नहीं जाते तो हम यह चाहेंगे कि कोरस के साथ हम दोस्त बनकर रहे। हमारी आठ-नौ महीनों से बात हो रही है और हमने यह सोचा भी था। हमें वह कम्पनी

प्राप्त करनी है। हमने सोचा उनसे हम रिश्ता कायम करें।

**जब आप संयुक्त उत्तरदायित्व से आगे बढ़ते हैं, तो कुछ लोग कहते हैं कि वैश्विक कम्पनी के लिए यह अधिक है। भविष्य के प्रबंधकर्ता के निहित क्या इसमें घाटे का खतरा है?**

मैं यकीन से तो नहीं कह सकता कि ये लंबे समय तक चलेगा। मैंने जिस दृष्टि से इसे लिया उसमें कोई समस्या तो नहीं है। यदि मैं इसकी सीमा के तले भुगतान अंश से जुड़ा रहा तो हम अपने प्रतिद्वन्द्वी के साथ प्रतिस्पर्धा में बने रहेंगे। उदाहरण के लिए यदि कोई टाटा स्टील के पास गया तो उसे बहुत सारे लागतों के खर्चों को आगे तक ले जा सकने की क्षमता होनी चाहिए( जैसे जमशेदपुर में नगरपालिका की सेवाओं इत्यादि के लिए) जिससे कम्पनी उम्मीद के मुताबिक आगे बढ़ सके। इन सबके बावजूद भी उन्हें संतुष्ट ही रहना होगा। मेरे ख्याल से यह आस-पास के माहौल व वातावरण को बदल देगा। निःसंदेह हम इन चीज़ों को दूसरे देशों में नहीं कर सकते, लेकिन यहाँ हमारे वह दायित्व है। याद करें 1994 में टाटा सम्ूह 78,000 कर्मचारियों के साथ आगे बढ़ा जबकि आज 38,000 के साथ, किन्तु यह मजदूरों में अशांति के साथ बिल्कुल भी नहीं किया गया। आप यह तब तक नही कर सकते जब तक व्यवसायी व कर्मचारी के बीच विश्वास बना रहे।

- **उत्तरदान के रूप में आप अपनी क्या चीज़ें छोड़ना पसंद करेंगे?**

अंतर्राष्ट्रीय अमेरिकन ग्रुप विश्व की बीमा पॉलिसी व आर्थिक वित्तीय मामलों का नेतृत्व करती है। इनका अंतर्राष्ट्रीय स्तर 130 देशों से भी ज़्यादा वैध अधिकार है। ए.आई.जी. कम्पनियाँ वाणिज्य सेवा, व्यक्तिगत ग्राहकों व संस्थानों को विश्व स्तर पर विस्तृत धन अनुदान व जीवन बीमा इत्यादि प्रदान करते हैं। इसके अतिरिक्त ए.आई.जी. कम्पनियाँ सम्पत्ति समिति, सेवानिवृत और आर्थिक सेवाओं को मुहैया करवाने का विश्व भर में नेतृत्व कर रही है। ए.आई.जी. स्टॉक न्यूयॉर्क स्टॉक एक्सचेंज़ और पैरिस, टोकियो, स्विट्जरलैंड देशों के स्टॉक एक्सचेंज़ से नामांकित है।

❑

# 16

# भारत का कोहिनूर

टाटा परिवार को मानव कल्याणकारी कारणों की लंबे समय की वचनबद्धता के लिए 'कारनेज़ मेडल' से सम्मानित किया गया। टाटा समुदाय की ही एक कम्पनी टाटा संस लिमिटेड का दो-तिहाई हिस्सा मानव कल्याणकारी ट्रस्ट द्वारा चलाया जाता है, जिसे कम्पनी के संस्थापक जमशेदजी टाटा के दो पुत्रों द्वारा मौलिक रूप से विभूषित किया गया है। इन ट्रस्टों के माध्यम से टाटा संस को सामान्य तौर पर आठ से चौदह प्रतिशत का लाभ प्रतिवर्ष होता है। यह पुरस्कार कम्पनी के मुख्य सभापति (चेयरमैन) रतन टाटा द्वारा ग्रहण किया गया।

टाटा समुदाय के ये बहुउद्देश्य ट्रस्ट रतन टाटा द्वारा ही चलाये जाते हैं।

इन ट्रस्टों में भारत के दो बहुत पुराने एवं बड़े निजी संस्थान भी शामिल है इन ट्रस्टों ने लोक कल्याण हेतु रचनात्मकता के तत्व ज्ञान को अपनाकर टाट समुदाय के मूल्यों को लाभ पहुंचाकर एक नया आयाम प्रस्तुत किया है। इसव साथ ही सम्पूर्ण भारतवर्ष की दान-पुण्य की परंपरागत धारणा को भी रुपांतरि करने में अहम भूमिका निभाई है। टाटा परिवार देश के उन जनकल्याणका शक्तियों में से एक हैं जो भारत के निजी, स्थानीय एवं राष्ट्रीय विकास म उत्पन्न अवरोधकों से जूझने में सक्रिय भूमिका निभाकर सदैव ही सहयोगी र हैं।

सन 1898 में टाटा परिवार ने बैंगलोर में भारतीय वैज्ञानिक संस्थान क जमीन मुहैया कराई थी। आज भी टाटा परिवार छोटे-बड़े स्तर पर कई कारण के लिए दान करता है। यथा-विज्ञान, सामाजिक सेवा, चिकित्सा, स्वास्थ्य ग्रामीण विकास, नागरिक समाज एवं शासन, कला, शिक्षा एवं बच्चों क

## रतन टाटा के कथन

- आज से करीब सौ वर्ष बाद मैं टाटा समुदाय को आज से कई गुना अधिक बड़ा देख रहा पा रहा हूँ। सबसे महत्वपूर्ण बात यह है कि टाटा समुदाय भारत का सर्वश्रेष्ठ औद्योगिक समुदाय है। हर तरह से सर्वश्रेष्ठ-उत्पादों के वितरण में सर्वश्रेष्ठ, जिस रूप में हम कार्य करते हैं उसमें भी सर्वश्रेष्ठ, हमारे मूल्यों एवं नीति-शास्त्र में भी सर्वश्रेष्ठ। मुझे पूरी आशा है कि आज से सौ वर्ष पश्चात हम भारत के बाहर भी पूर्णरूप से फैलकर स्थापित हो चुके होंगे।
- मुझे अपने देश पर पूरा गर्व है। परन्तु हमें सामुदायिक एवं जातिवाद से परे होकर एकत्व को अपनाकर भारत को गौरव प्रदान करना चाहिए। हमें भारत को एक ऐसी धरती के रूप में स्थापित करना है, जहां सबको समान अवसर मिले। हम एक महान देश बन सकते हैं, यदि हम बड़ा सोचें। साथ ही मानव को अनवरत ऊंचाई, समृद्धि एवं समान अवसर प्रदान करें, तो हम एक महान देश का निर्माण कर सकते हैं।
- भारत आज संपूर्ण विश्व में अपनी मजबूत अर्थव्यवस्था के कारण जाना जाता है। साथ ही यह विकसित देश बनने की ओर उन्मुख है। इसका सक्रिय भविष्य अत्यंत विशाल है परन्तु भारत का भाग्य हमारे हाथों में है। अब वक्त आ गया है जब हम छोटे फायदे न सोचकर कुछ बड़े कदम उठाकर बड़े फायदे के बारे में विचार करें। अब हमें अपने लिफाफे को बड़ा करके उन सपनों को साकार रूप प्रदान करना है, जो पहले मुमकिन ही नहीं थे।

ज़रूरत हेतु टाटा परिवार योगदान देता है। टाटा परिवार ने फंड देकर सामाजिक विज्ञान, कैंसर शोध एवं इलाज तथा अन्य बीमारियों के शोध हेतु भी कार्य किया है।

रतन टाटा संगठित सामाजिक दायित्व को निभाने वाले एक ठोस समर्थक रहें हैं। उन्होंने काफी संघर्ष करके अपनी कम्पनी के जनकल्याणकारी कार्यों पर केन्द्रित करने हेतु पहला कदम उठाया। तत्पश्चात उन्होंने साक्षरता, लघु वित्त (माइक्रो फाइनेंस) एवं जल संरक्षण जैसे कई मुद्दों पर कार्य किया और समाज में जागरूकता फैलाई। टाटा के नेतृत्व में कई चिकित्सा एवं कला संस्थान भी सुचारु रूप से चल रहें हैं। वे कई बड़े संस्थानों के दल में शामिल हैं। रतन टाटा 'बिल एंड मेलिंडा गेट्स फाउंडेन्स इंडिया एड्स इनिशिएटिव' के प्रोग्राम दल में भी शामिल हैं।

❑

# 17

# विश्व के लिए आदर्श

रतन टाटा केवल देश के लिए ही आदर्श नहीं हैं अपितु वह संपूर्ण विश्व के लिए आदर्श हैं। उन्होंने भारत को वैश्विक स्तर पर पहचान दिलवाई है। वह व्यापारिक स्तर पर भारत के चेयरमैन के रूप में प्रचलित हैं और क्यों न जाने जाएं-आखिर पूरा भारत टाटा मसालों का प्रयोग अपने खाने में करता है, टाटा फैब्रिक्स के कपड़े पहनता है, टाटा स्टील के पुल पर ही टाटा की कार दौड़ाता है, टाटा फोन इस्तेमाल करता है। इसके साथ टाटा इन्टरनेट इस्तेमाल करता है। टाटा के होटल्स में रुकता है।

रतन टाटा पिछले लगभग बीस वर्षों से मुंबई में समुद्र किनारे बसे अपने घर में किताबों के साथ रहते हैं। वह प्रतिदिन अपने दफ्तर टाटा की छोटी कार को स्वयं चलाकर जाते हैं। सन 1962 में टाटा द्वारा जमशेदपुर में टाटा स्टील में काम करने हेतु उनका आई.बी.एम. की नौकरी को ठुकराना उनकी दीनता

को दर्शाता है। वह अमेरिका में रहकर ही आई.बी.एम. से जुड़ना चाहते थे, परन्तु भारत में उनकी दादी मां की बिगड़ी तबीयत के कारण उनके दादा ने उन्हें भारत आकर अपने पारिवारिक कारोबार से जुड़ने के लिए कहा। उनका इस तरह पारिवारिक कारोबार से जुड़ना उनकी दीनता व सहनशीलता की परीक्षा थी। उन्होंने नीली कॉलर वाले मजदूरों के साथ मिलकर पत्थर हटाए, ब्लास्ट फरनेस पर काम किया।

सन 1971 में रतन टाटा को नेल्को का निदेशक बना दिया गया। उस दौर में यह कम्पनी आर्थिक रूप से परेशानियों का सामना कर रही थी। उन्होंने इसमें विद्युतीय उपभोक्ता के स्थान पर उच्च तकनीकी उत्पादों का प्रयोग किया। सन 1975 तक नेल्को ने बाज़ार का 20 प्रतिशत अंश पा लिया और हानि से पीछा छुड़ाया। सन 1977 में आपातकालीन परिस्थितियों में अर्थव्यवस्था डगमगाई। इसके साथ ही कर्मचारी संघ ने विद्रोह किया। नेल्को इन सभी चुनौतियों का सामना नहीं कर पाई।

सन 1977 में रतन टाटा ने एम्प्रैस मिल्स संभाली। यह कम्पनी भी आर्थिक रूप से गोते खा रही थी। इनके नेतृत्व में कम्पनी ने लाभांश तक कमाया। एम्प्रैस मिल्स के सामने प्रतिद्वंद्वियों के साथ-साथ मजदूरों का अभाव भी बड़ी चुनौती थीं। कम्पनी को बचाए रखने के लिए अधिक फंड की आवश्यकता थी परन्तु टाटा समूह के पूर्व निदेशक गण इसके लिए तैयार नहीं थे। परिणामतः सन 1986 में कम्पनी बंद करनी पड़ी। रतन टाटा ने प्रेस को दिए अपने साक्षात्कार में बताया कि कम्पनी को बचाने के लिए केवल 50 लाख रुपयों की आवश्यकता थी।

सन 1981 में रतन टाटा को टाटा उद्योग का अध्यक्ष बना दिया गया। उन्होंने टाटा उद्योग को नई तकनीकों के साथ-साथ बुलंदी प्रदान की।

सन 1991 में रतन टाटा को जे.आर.डी.टाटा के बाद टाटा समूह का चेयरमैन बना दिया गया। यह रतन टाटा के लिए सतरंगी वर्षा काल के समान था। इसके बाद उन्होंने टाटा समूह में अपनी नई योजनाओं व तकनीकों का प्रयोग किया। आज टाटा समूह विश्व के सबसे बड़े उद्योगों में से एक है।

टाटा मोटर्स न्यूयॉर्क स्टॉक एक्सचेंज में भी शामिल है। 31 जनवरी, 2007 में टाटा संस ने 6.75 बिलियन डॉलर देकर एक एंग्लो-डच स्टील और एल्युमिनियम उत्पादक कम्पनी, कोरस समुदाय, खरीदकर पांचवीं सर्वाधिक बड़ी स्टील उत्पादक कम्पनी बन गई। ब्रिटेन के मोटर उद्योग, लैंड रोवर और जगुआर कम्पनी की ही कम्पनी फोर्ड मोटर कम्पनी को एक बिलियन डॉलर में खरीदा।

टाटा समूह का राजशाही होटल है। उनका घड़ी एवं जेवरात का भी कारोबार है। मलेशिया के डी.आर.बी. हाइकम, नाजा समूह, सिमे डार्बी और ब्रुकलैंड मोटर्स कम्पनी, टाटा मोटर्स के साथ जुड़ना चाहते हैं।

सन 1998 में रतन टाटा ने टाटा मोटर्स और विश्व को टाटा इंडिका नामक कार प्रदान की। उनका स्वप्न 2,200 यू.एस. डॉलर की कार बनाना था। प्रतिद्वंद्वियों ने इतने कम धनराशि में कार बनाने के स्वप्न पर उनकी हंसी ठठ्ठा की। उनके मुताबिक टाटा निश्चित तौर पर मोटर साइकिल जैसी ही कार। परंतु टाटा अटल थे। उन्होंने कार की डिज़ाइन, कीमत व चित्रण सभी चीज़ों को गुप्त रखा था।

10 जनवरी, 2008 को रतन टाटा ने नई दिल्ली के ऑटो एक्सपो में 2,528 यू.एस. डॉलर की कीमत पर टाटा नैनो के तीन मॉडल लाँच किये। उन्होंने इसे जनता की कार कहते हुए कहा–'वादा तो वादा होता है'।

टाटा नैनो की सफलता भारतीय अर्थ-व्यवस्था को नई ऊँचाईयाँ प्रदान करेगा। यह कार लैटिन अमेरिका व यूरोप की वोल्क्स वैगन की गोल्फ, निसान की सुरु, रिनॉल्ट की क्लिओ जैसी छोटी कारों को भी कंपन दे सकती है।

प्राइम वॉटरहाउस की भविष्यानुसार सन 2006 से लेकर सन 2011 के बीच ऑटोमोबाइल की आधी से ज़्यादा बिक्री ब्राजील, रूस, भारत और चीन से होंगे। इस फर्म ने यह भी भविष्यवाणी की कि टाटा नैनो भारत में 10–20 प्रतिशत जनसंख्या को स्कूटर और मोटर साईकिल के स्थान पर कार खरीदने को प्रेरक करेगी। यदि ऐसा होता है तो 1.8 करोड़ कार प्रति वर्ष बिकेगी। यह दर आज के लगभग पूरे कार बाज़ार को अपने भीतर समेटता है।

टाटा मोटर्स ने सम्पूर्ण भारत के लिए नया इतिहास रचा है। टाटा मोटर्स लंबी छलांगें मार रही है। पहले लैंडरोवर, जगुआर की एक अरब डॉलर में प्राप्ति, फिर विश्व की सबसे सस्ती कार 'टाटा नैनो' और अब टाटा 'टाटा मिनिकैट' के रूप में विश्व की पहली हवा से चलने वाली कार का उत्पादन करने वाले हैं जो 300 कि.मी. की रेंज पर चलेगी।

रतन टाटा ने अमेरिका के कॉरनेल और हावर्ड विश्वविद्यालय से शिक्षा ग्रहण की। उन्होंने आर्कीटेक्चर और स्ट्रक्चरल इंजीनियरिंग की। उन्होंने मुंबई में समृद्ध एंव प्रसिद्ध पारसी टाटा परिवार में जन्म लिया। आज भी यह परिवार वायु, जल व धरती को पर्यावरण से बचाने के लिए कार्यरत है।

रतन टाटा के पर दादाजी जमशेदजी टाटा ने पादरी बनना अस्वीकार किया। सन 1850 के दशक में उन्होंने व्यापार प्रारंभ किया और पारिवारिक

कम्पनी खड़ी कर दी। महारानी विक्टोरिया के दौर में जब भारत में कुलीनता थी, तब टाटा भारत आए थे। इस परिवार ने पिछले 150 वर्षों से भारत ने बल और समृद्धि का दौर देखा है। जमशेदजी टाटा ने टेक्सटाइल और स्टील मिल्स, जहाज की लाइन तैयार की। उन्होंने मुंबई के ताज महल होटल की भी खोज की।

यदि रतन टाटा चाहें तो वह एक प्रसिद्ध व्यक्ति की भांति भी रह सकते हैं, परन्तु वह अपना जीवन अत्यंत ही निजी रखते हैं। उन्हें किसी भी सामाजिक उत्सव में नहीं देखा जा सकता। उनमें घमंड नाम मात्र को भी नहीं है। कभी-कभी तो उन्हें शर्मीले व्यक्ति के रूप में भी वर्णित किया जाता है। रतन टाटा अत्यंत दयालु व शिष्ट व्यक्ति हैं। वह अविवाहित हैं। उनके कुत्तों को उनका खास दोस्त माना जाता है।

वह सात वर्ष की आयु से ही अपनी दादी नवाजबाई की छत्रछाया में पले हैं। उन्होंने कहा था–'तन्हाई का एहसास मुझे कई बार हुआ है। मुझे पाखंडी या झूठ बोलने वाला माना जा सकता है। लेकिन यह सच है, मेरे कुत्ते मेरी जिंदगी का अहम हिस्सा है।'

रतन टाटा के कारोबार का अत्यधिक अंश कल्याणकारी ट्रस्ट का ही होता है। उनकी सफलताओं को देखते हुए कहा जा सकता है कि वह विश्व के लिए ऐसे आदर्श हैं, जिनका मिलना दुर्लभ होता है।

❑

# 18

# टाटा नैनो : स्वप्निल कार

टाटा की स्वप्निल कार लखटकिया नैनो के दीदार सर्वप्रथम 10, जनवरी, 2008 को नई दिल्ली के प्रगति मैदान के 9वीं वार्षिक ऑटो एक्सपो में किये गए थे। टाटा नैनो छोटी, आरामदायक, खर्च उठाने योग्य, रियर-इंजन वाली चार यात्रियों के सफर करने की कार है। टाटा की इस कार की कीमत मात्र 1,00,000 रु. से शुरू होती है। यह कीमत 2000 यू.एस.डॉलर के करीब है।

नैनो की कम कीमत के कारण इसने मीडिया का काफी ध्यान अपनी ओर खींचा। यह कार भारतीय अर्थव्यवस्था को बढ़ावा देती है। इसके साथ ही 65 प्रतिशत कार बाज़ार को बढ़ावा देती है। यह कार भारत के लिए अंतरर्राष्ट्रीय

स्तर पर ही स्थान बना रही है। यह कार टाटा समूह और टाटा मोटर्स के चेयरमैन रतन टाटा का स्वप्न थी जिसे वे दृश्यात्मक रूप देने में भी सफल रहे। टाटा मोटर्स ने इस कार को पूर्णतः 'जनता की कार' बताते हुए पर्यावरण-प्रेमी

बताया है। नैनो के पर्यावरण के लिए हितकारी होने व सस्ती होने के कारण मीडिया व अन्य लोगों ने भी इसकी बहुत सराहना की है। ई-नैनो भी बाजार में उतारी जाएगी। टाटा समूह नैनो का उत्पादन करके भारत एवं अन्य देशों में भी बिक्री करने हेतु आशान्वित हैं।

फिलहाल टाटा नैनो का उत्पादन उत्तराखंड के पंतनगर उपकरण से किया जा रहा है। जल्द ही गुजरात के सनंद में उपकरण तैयार हो जाएगा। कम्पनी जनवरी-मार्च, 2009 तक पंतनगर से 50 नैनो प्रतिदिन उत्पादित करने की उम्मीद रखती है। जहाँ सिंगुर में 3 लाख गाड़ियों का उत्पादन होना था, वहीं सनंद उपकरण में 5 लाख नैनो उत्पादित करेगी। गुजरात में टाटा को पश्चिम बंगाल सरकार द्वारा दी जा रही सभी सुविधाओं से अधिक सुविधाएँ मिली हैं।

## विचारधारणा एवं रचना 'नैनो' की

सन 2003 में रतन टाटा ने एक बार एक परिवार के चार सदस्यों को स्कूटर पर फंसकर जाते हुए देखा था। तब उनके मस्तिष्क में एक सस्ती व टिकाऊ कार के उत्पादन का विचार कौंधा। मई, 2005 में टाटा ने कम कीमत का चौपहिया वाहन 'ऐस ट्रक' बाजार में उतारा। इससे उनके लिए नैनो का विकास करना और अधिक आसान हो गया।

कार को ऑटो रिक्शा का नाम देने वाले व अन्य प्रकार के विचार प्रस्तुत करने वालों को विराम देते हुए टाइम्स ऑफ इंडिया ने लिखा-'वाहन उचित रीति से सुनियोजित तरीके से बनी कार है'। यह भी कहा गया-'यह कोई प्लास्टिक के चादर वाली या बिना छत की कार नहीं है, यह सही मायनों में कार है। इस कार की योजना को मानक रूप प्रदान करने के लिए टाटा ने निर्माण प्रक्रिया में बदलाव किये, नव-निर्माण को महत्व दिया, पूर्तिकर्ताओं से नये डिज़ाइन की मांग की। नैनो की रचना इटली के ऑटोमोटिव इंजीनियरिंग विकास संस्थान में की गई। इस कार में रतन टाटा ने एक खिड़की साफ करने के वाइपर्स को हटवाया। इसके साथ ही कुछ अन्य बदलाव करवाए। मारुति 800 से तुलनात्मक रूप में नैनो में अंदरूनी जगह 21 प्रतिशत व बाहरी स्थान 8 प्रतिशत ज़्यादा है। कार के तीन प्रारूप पेश किये जाएँगे, जिनमें से एक मानक रूप में व अन्य दो डीलक्स रूप में होंगे। डीलक्स रूप वातानुकुलित तो होंगे परन्तु उनमें पावर स्टियरिंग नहीं होंगी। टाटा मोटर्स ने 250,000 इकाई प्रति वर्ष के उत्पादन का लक्ष्य निर्धारित किया है।

क्राईमिल नामक कर-निर्धारण कार्यालय के अनुसार टाटा नैनो के लॉन्च से भारतीय कार बाज़ार 65 प्रतिशत तक बढ़ सकता है। इस एजेन्सी के

मुताबिक एक लाख रु. प्रति वर्ष आय पाने वाले व्यक्ति भी इस लखटकिया कार को खरीद सकते हैं। पिछले वर्ष की तुलना मे कार की बिक्री 20 प्रतिशत बढ़ने की संभावना है। कम्पनी ने एक रिपोर्ट में कहा–'विश्व की सबसे सस्ती कार 'लखटकिया नैनो' पर से पर्दा उठने पर कार बाज़ार में सनसनी फैल गई। क्राईमिल की शोध के अनुसार उपभोक्ता के लिए कार की कीमत 1.3 लाख रु के आसपास रखी जाएगी। भारत में कार प्रवेश सीमा की कीमत को यह 30 प्रतिशत गिरा देता है।

## तकनीकी निर्दिष्टीकरण

टाटा समूह के चेयरमैन, रतन टाटा के अनुसार टाटा नैनो 33 पी.एस. (33हॉर्स पावर/24कि.वॉ) की कार है जिसमें 623 सी सी का रियर इंजन है। इसके साथ ही रियर व्हील ड्राइव है। इसमें ईंधन शहरी सड़कों के लिए 4. 55 ली/100 कि.मी. (21.97 कि.मी. /ली), है।

हाईवे पर ईंधन की खपत 3.85 ली./100 कि.मी. होगी। पहली बार कार में पेट्रोल इंजन के दो सिलेंडरों के साथ एक संतुलन शैफ्ट इस्तेमाल किया जा रहा है। टाटा मोटर्स ने नैनो के डिज़ाइन में नव-निर्माण संबधित एक स्वप्राप्त जारी किये। नई दिल्ली के ऑटो एक्सपो के समाचार सम्मेलन में रतन टाटा ने इनमें से किसी भी तकनीक के क्रांतिकारी होने व धरती को हिलाने-खराब करने की तकनीक होने के इंकार किया। उन्होंने ज़्यादातर दो सिलेंडर इंजन के एक बैलेंस शैफ्ट और गियर के बारे में बताया।

कार की सभी ने सरहाना की है। कई स्रोतों के माना कि कार तकनीकी दृष्टि से क्रांतिकारी न होकर सस्ती व टिकाऊ है। यह कार पर्यावरण प्रेमी व विद्युत्तीय भी हैं।

टाटा के अनुसार नैनो भारत स्टेज-III एवं यूरो-IV उत्सर्जन मानकों से मिलती-जुलती है। कार को आगे व किनारों से भी टकराकर देख लिया गया है। टाटा नैनो को पूना के ऑटोमोटिव रिसर्च एसोएिशन ऑफ इंडिया में हर तरह के परीक्षण से गुज़ारा गया है। कार का उत्सर्जन, कोलाहल व प्रकंपन की दृष्टि से भी परीक्षण किया गया है। यह परीक्षण भारतीय सड़कों पर कार चलाने के लिए सरकार द्वारा आवश्यक माना जाता है। ए.आर.ए.आई. के परीक्षण के दौरान नैनो 24 कि.मी. प्रति ली. चली। ए.आर.ए.आई. के अनुसार नैनो भारत में सन 2010 में आने वाली यूरो- IV उत्सर्जन मानकों के अनुरूप है।

नैनो में लगा पीछे का इंजन उसमें अंदरूनी स्थान बढ़ाकर उसे फिएट 500 के समान बनाता है। यू.के.के रोवर समूह ने 1990 के दशक में छोटी कार 'मिनी' में लगाने के लिए पीछे के इंजन का प्रारूप तैयार किया था, परन्तु उत्पादन नहीं हो सका था। 'मिनी' काफी बड़ी थी, तकनीकी रूप से भी उसमें सुधार की आवशकता थी। नैनो में कम्प्रैस्ड एयर इंजन भी लगा है।

## निर्माणाधीन सुविधाएँ

नैनो का उत्पादन गुजरात के सनंद में स्थापित मूल उपकरण से होगा। फिलहाल नैनो का उत्पादन पंतनगर के ऐस ट्रक वाले उपकरण से हो रहा है। पहले सिंगुर में मूल उपकरण स्थापित किया गया था, परन्तु किसानों व राजनीतिक के विवाद के कारण उन्हें वहाँ से हटना पड़ा। उसके बाद टाटा मोटर्स ने गुजरात के सनंद शहर में मूल उपकरण स्थापित करने का निश्चय किया। वहां भूमि को लेकर विवाद होने के कम ही अवसर हैं और वहां अधिक सुविधाएँ मिल रही हैं।

टाटा नैनो के पंतनगर उपकरण से अभी 25-50 कारों का निर्माण हो रहा है। जल्द ही यह संख्या 500 प्रति दिन तक पहुँचने की संभावना है। पश्चिम बंगाल में मुख्यमंत्री बुद्धदेव भट्टाचार्य से मिलकर रतन टाटा ने अपने कर्मचारियों की सुरक्षा को ध्यान में रखते हुए सिंगुर छोड़ने का निर्णय लिया।

सिंगुर के बाद टाटा मोटर्स ने मुन्द्रा जैसे बंदरगाह और राजकोट जैसे शहर के समीप होने के कारण गुजरात में मूल उपकरण लगाने का निर्णय लिया। राजकोट से नैनो के 30 प्रतिशत अंगों का निर्माण होता है। गुजरात में उपकरण

का स्थान पूर्णतः प्रशासन के आधीन होने से भूमि को लेकर समस्याएँ नहीं आएंगी। गुजरातवासी व्यापार को लेकर उदार रहते हैं।

अभी तक सनंद उपकरण से उत्पादन प्रारंभ होने के विषय में कुछ तय नहीं है। फिलहाल टाटा नैनो का उत्पादन पूना और पंतनगर उपकरणों से हो रहा है।

लखटकिया नैनो अभी पूर्णतः बाज़ार में, सड़कों पर नहीं आई है, परन्तु गिनीज़ बुक में विश्व के सबसे सस्ती कार के रूप में अपना नाम दर्ज करा चुकी है।

❑

## 19

# कोरस के लिए दावेदारों की लड़ाई

कोरस स्टील ग्रुप के विकास के लिए टेक-ओवर की लड़ाई में ब्राजीलियन फर्म सी.एस.एन. ने बीती रात अपने प्रतिद्वन्द्वी टाटा स्टील से अधिक सुधार प्रस्ताव के साथ आगे आया।

कोरस बोर्ड सी.एस.एन. के 515 पी के प्रत्येक शेयर प्रस्ताव से पीछे हुआ जिसका अनुमानित मूल्य 4.9 बिलियन पाउंड था।

कुछ ही घंटो में नाटकीय बदलाव के बाद कोरस टाटा से 500 पी के प्रत्येक शेयर प्रस्ताव 4.7 बिलियन पाउंड की बोली पर सहमति जताई।

टाटा ने हाल ही मे 455 पी के प्रत्येक शेयर पर स्वयं सुधार करते हुए आगे बढ़ा जबकि सी.एस.एन. जानकारी के मुताबिक 475 पी पर पहले ही तैयार था। टाटा ने मौके को समझते हुए फौरन कहा–'इसकी पदवी को समझना चाहिए। वैसे कोरस के शेयर में 5 प्रतिशत से 525 पी तक निवेशकर्ता बोली की लड़ाई कां जुआ खेलने को तैयार थे।

जब ब्रिटिश स्टील डच के प्रतिद्वन्द्वी हूगोवन्स के साथ मिले तो कोरस की स्थापना 1999 में संभव हो सकी। इसके शेयर साल के मध्यांतर तक कीमत से 80 प्रतिशत ऊपर चढ़ते हुए ब्याज के सफलतम रूप में दिखे।

कोरस के लिए लड़ाई ऐसे समय में हुई जिससे स्टील उद्योग में एकीकरण स्थापित हुआ और लक्ष्मी मित्तल की तरह लाभ प्राप्त किया जा सका। मित्तल स्टील ने पावर हाऊस से 110 मि. टनों से भी ज़्यादा उत्पादन को वैश्विक स्तर पर स्थापित किया।

कोरस और सी.एस.एन. दोनों के बीच प्रस्तावित समझौते के अनुसार यह विश्व में पाँचवीं सबसे बड़ी स्टील फर्म है, जिसकी सालाना उत्पादन क्षमता 24 मिलियन टन है।

सी.एस.एन. कासा दे पेड्रा माईन से कोरस को उच्च गुणवत्ता के साथ बहुत कम कीमत पर लौह धातु देगा। यह ब्राजील, दक्षिण अमेरिका में तेज़ी से विकसित होने वाला बाज़ार है।

सी.एस.एन. के अध्यक्ष व मुख्य कार्यकारी बैंजामिन स्टेन बच्र ने कहा–'विकास नीतिगत विधा शक्ति का मिला-जुला रूप है। इसका यह रूप ब्राजील व यूरोप में हमारे कार्यक्षेत्र का महत्वपूर्ण हिस्सा है। हमारा लक्ष्य कोरस द्वारा लौह धातु का मूल्य दर्शाना था। कोरस का आकार बदलकर स्टील उत्पादन की उच्च गुणवत्ता प्रभावित पर देना, नये तकनीकी क्षमताओं को तथा यूरोप में वितरण के प्लेटफार्म तैयार करना था। यह सभी के दावों की जीत का मिलाजुला रूप है।'

कोरस के अध्यक्ष जिम लेंग जिन्होंने टाटा के प्रस्ताव को पीछे छोड़ते हुए सी.एस.एन. की बोली को स्वीकृति दी। उन्होंने बताया कि यह दोनों प्रस्ताव पहले प्रस्ताव की अपेक्षा से बहुत अधिक है। यह टाटा के 500 पी के प्रत्येक शेयर का संशोधित रूप है। कच्चे माल की पूर्ति, कम लागत पर उत्पादन व बाज़ार के सामूहिक विकास का उद्देश्य हमारे रणनीति के अनुरूप है।

दोनों व्यवसायों के सहयोग से एक मजबूत प्लेटफॉर्म की नींव रखी जाएगी जिससे व्यवसाय पर पकड़ और वैश्विक बाज़ार का मार्ग प्रशस्त हो सके।

सी.एस.एन. ने कहा–138 मि. पाउंड की सामूहिक राशि कोरस के इन्जीनियरिंग स्टील सेवानिवृत्ति योजना के तहत देगा और 2009 तक योगदान को बढ़ाकर 10 प्रतिशत से 12 प्रतिशत दर तक ब्रिटिश स्टील सेवावृत्ति योजना को राशि मुहैया करवाएगा।

सी.एस.एन. ने कहा–'कोरस के साथ सेवावृत्ति धरोहर समझौते के अनुकरण से रचनात्मक व संतोषजनक वाद-विवाद संभव हो सका। सी.एस.एन.टाटा से बेहतर सुधार प्रस्ताव से 126 मि टन की क्षमता से कोरस इंजीनियरी स्टील सेवावृत्ति योजना के तहत जुड़ा।

कोरस के पास विश्व भर में 47300 कर्मचारी हैं और 24,000 तो केवल यू.के. में ही कार्यरत हैं। इसके अलावा पोर्ट टालबॉट, स्कनथॉरोप व रॉदरहम इत्यादि जगह इससे जुड़े हुए हैं, जिससे साल भर में नये व्यवसाय के सहयोगी मिल सके। यह दबाव दिया जा रहा था कि कम लागत वाले प्रतिद्वन्द्वी से जुड़े जिससे कच्चे माल में वृद्धि हो जाए तथा यू. के. व नीदरलैंड की लाभ की मात्रा बहुत आगे तक पहुँचाकर शक्ति दी जाए।

इस समझौते से टाटा या सी.एस.एन. विश्व की पांचवीं बड़ी कम्पनी स्थापित होगी। ब्रिटिश स्टील कोरस होने के बाद यू.के.स्टील प्लांट का विदेशों से दस वर्षीय समझौता संभव हो पाएगा।

भारतीय टाटा ग्रुप के ठोस पिंड को कोरस ने अक्टूबर में 455 पी के प्रत्येक शेयर की बोली पीछे छोड़ दी लेकिन ब्राजीलियन फर्म और एशियन जॉइंट सेवरस्टल ने इसमें इच्छा जताई।

कोरस के ब्याज से सेवरस्टल पीछे हट गया लेकिन पिछले महीने ही सी. एस.एन. ने कहा वह 475 पी के प्रत्येक शेयर पर समझौते के लिए तैयार थे। कोरस ने सी.एम.एन. को शेयरधारी तब तक दिए जिससे वह टाटा के प्रस्ताव से विमुख न हो जाए।

जब टाटा ने 500 पी के प्रत्येक शेयर की बोली लगाई तो सी.एस.एन. समझ गया कि उनके बीते दिनों वाली बोली 475 पी के प्रत्येक शेयर की अब बेकार है।

शुरुआती दौर में टाटा ने कोरस व सी.एस. एन दोनों को साथ लेते हुए चौंकाया। लेकिन सी.एस.एन ने तुरंत जवाब दिया और 515 पी के प्रत्येक शेयर पर नया प्रस्ताव प्रस्तुत कर दिया।

❑

# 20

# कोरस की सफलता

कोरस यूरोप के वार्षिक आय और स्टील उद्योग का दूसरा सबसे बड़ा उत्पादक है। प्राथमिक रूप से 20 मिलियन टन से भी अधिक कच्चे स्टील का उत्पादन यू.के. और नीदरलैंड में सम्पन्न होता है।

कोरस में तीन विभागों का प्रबंध किया गया। पट्टी (धारी या लकीर) उत्पादन, दीर्घकालीन उत्पादन और वितरण व निर्माण कला उत्पादन। कोरस के पास वस्तुओं के बेचने के व्यापक दफ्तर हैं। विश्वभर में 42,000 कर्मचारी कार्यरत है।

कोरस विश्वस्तर पर बाज़ार में अधिक माँग वाली वस्तुओं की पूर्ति का नेतृत्व करते हुए भवन निर्माण कार्य वाली वस्तुएँ, मोटरकार, गठरी या पोटली, यांत्रिक उपकरण, विद्युत-इंजीनियरी, धातु की वस्तुएँ और तेल व गैस का उत्पादन करते हें। कोरस ने नये तरीकों व लगातार सुधार से व्यवसाय को एक नया आयाम दिया। कोरस का लक्ष्य प्रस्तावित मूल्य को स्थिर कर ग्राहक का अद्वितीय सुविधाओं संबंधी सेवाएँ प्रदान कर अपने उत्पाद को विस्तार देना था।

कोरस टाटा स्टील का सहायक है। टाटा स्टील विश्व स्तर पर सबसे बड़ा स्टील उत्पादक है। 50 देशों की मिली-जुली उपस्थिति से कोरस, टाटा स्टील, थाइलैंड टाटा स्टील तथा नाट स्टील एशिया इत्यादि के पास लगभग 80,000 कर्मचारी पांच महाद्वीप के आर-पार भी है। इसके कच्चे स्टील के उत्पादन की क्षमता 28 मि. टन से भी अधिक है।

बोर्ड निदेशक एंग्लो डच के स्टील निर्माता कोरस जब टाटा स्टील कम्पनी की सफलता अर्थात टेक ओवर के लिए 7.6 मिलियन डॉलर लिया तो यह समझौता भारतीय कम्पनी के विदेशी कम्पनी से सबसे बड़ा समझौता हुआ। यही डील विश्व स्तर पर पांचवीं सबसे बड़ी डील साबित हुई।

2005 में टाटा स्टील विश्व में केवल 56वें बड़े स्टील उत्पादक के रूप में था। कोरस कम्पनी की सफलता के बाद टाटा एशिया के बाहर भी प्रथम

स्थान पर प्रतिष्ठित हुआ। टाटा समूह के अध्यक्ष ने इस बात का पुष्टिकरण किया कि स्टील कम्पनी 455 पी के प्रत्येक हिस्से पर 10 बिलीयन डॉलर मूल्य से उद्योग के लिए तैयार है।

टाटा ने कहा–'यह प्रस्ताव टाटा स्टील को लाभ देने के रूप में व्यवस्थित हुआ और हमारे विकास कार्य के अनुरूप पूरी तरह से अंतर्राष्ट्रीय प्रसार प्राप्त कर सका।

*टाटा स्टील के चीफ मुथुरमण चेयरमैन रतन टाटा कोरस के चेयरमैन जेम्स लेंग और प्रमुख कार्यकारी फिलिप वरिन के साथ।*

कोरस के निदेशक (संचार माध्यम) जेम्सन ने कहा–कि 'यह समझौता सही समय में तथा सही कीमत पर हुआ है। इसके अलावा यह आशा जताई की शेयरधारी व्यापार संघ के प्रस्ताव को सकारात्मक रूप से साथ देंगे।

टाटा स्टील के अध्यक्ष रतन टाटा ने दोनों कम्पनियों की ओर से हवाला देते हुए कहा–'दोनों कम्पनियों की अपने शेयरधारकों के प्रति और कुशल तकनीकी शक्ति, योग्यता, मिश्रित उत्पाद और भौगोलिक विस्तार की व्यवस्था को सर्वोपरि रखा गया है।

समझौते के अनुसार कोरस के 75 प्रतिशत शेयरधारकों के पास दिये गए अंश पर स्वीकृति है कि उन्हं पूर्ण लाभ प्राप्त हो सके।

विदेशों में भारतीय कम्पनी की यह एक बड़ी सफलता मानी जाएगी जब यह पूर्णता प्राप्त करेगी।

विश्व की बड़ी स्टील कम्पनियाँ समझौते के मध्य में एक जुट होकर सलाना पूर्ण समर्पण की संस्कृति रही है। 24 मिलियन टन की कुल क्षमता से अपने अस्तित्व का बखान करेगी।

सन 2011–12 में टाटा स्टील और कोरस मिलकर 40 मिलियन टन की उत्पादन क्षमता से अस्तित्व में आएगी। इनकी मिली-जुली राशि 32 बिलियन डॉलर आय के रूप में प्रतिष्ठित होगी।

लेन-देन का प्रबंध एक उद्योग के मूल्य का 10.26 बिलियन डॉलर के आधार पर होगा। इसके तहत टाटा स्टील को 3.5 बिलियन मिलेंगे, जबकि बची हुई राशि एस.पी.वी. के विकास के लिए होगा।

कोरस समिति से कोई बदलाव नहीं होगा। इस विषय में यह बात तयशुदा थी कि कोरस की कल्पना या रचना के अनुसार कोरस समिति में कोई बदलाव नहीं करेगा।

समिति के एकीकरण के लिए निश्चित स्थान तय होगा और उसे खरीदकर कम्पनी के लिए नए बाज़ार खुलेंगे।

टाटा स्टील और कोरस के बीच 8 बिलियन डॉलर की डील पांचवीं बड़ी डील है, जो स्टील उद्योग में पिछले कई वर्षों बाद देखने को मिली।

## कोरस

लंदन आधारित कोरस विश्व की एक बड़ी स्टील और एल्युमीनियम उत्पादक समूह है। कोरस डच ग्रुप कोनिन किल्जके हूगोवक्स तथा ब्रिटिश स्टील के साथ मिलकर 6 अक्टूबर, 1999 में इसकी स्थापना हुई। इसके विश्वभर में 47300 कर्मचारी और 24,000 लोग यू.के. में कार्यरत हैं।

यह लंदन स्टॉक एक्सचेंज यूरोनैक्स्ट एमस्टडैम और न्यूयॉर्क स्टॉक एक्सचेंज में नामांकित है।

कोरस के चार विभाग हैं। पट्टी उत्पाद विभाग, दीर्घकालिक उत्पाद विभाग, वितरण व निर्माण उत्पाद कला विभाग और एल्युमिनियम विभाग आदि। कोरस की वार्षिक आय लगभग 18 बिलियन डॉलर के करीब है।

corus

मित्तल का टाटा स्टील से मेल के बाद शुरू से ही यह बात चल रही थी कि कोरस स्टील उद्योग वैश्विक एकीकरण में एक आयाम जोड़ेगा। ठीक उसी तरह से टाटा स्टील सबके बीच में कोरस का हिस्सेदार बना।

5 अक्टूबर 2006 को टाटा स्टील ने कोरस समूह के साथ यह घोषणा की कि हम अब लाभ के नए अवसर तलाश रहे हैं। बोर्ड ने टाटा व कोरस समूह समिति के वाद-विवाद से यह संकेत निकालना कि कोरस ग्रुप 455 पी के प्रत्येक शेयर पर 100 प्रतिशत का मुनाफा गैर-बन्धनीय प्रस्ताव से मुक्त होगा।

कोरस के शेयर एंग्लो-डच ग्रुप की युक्ति से कुछ ही महीनों में स्थापित मित्तल से अधिक सफलता पा गए।

टाटा स्टील ने मार्च 2006 के अंतिम वर्ष तक 5 मिलियन टन का उत्पादन किया और लक्ष्य 2008 तक 7.5 मिलियन टन के उत्पादन स्तर तक पहुंचना है। इसकी वार्षिक आय 3.8 बिलियन डॉलर है।

❑

# 21

# कोरस की सफलता के बाद

आज हजारों स्टील मजदूरों ने अपना काम छोड़ा क्योंकि वह अपने भविष्य के बारे में नये भारतीय स्वामी के आधीन कुछ चिंतन या विचार कर सकें। ब्राजीलियों के सी.एस.एन. को टाटा ने अनेक खरबों पाउंड से अद्वितीय हार दी जिसके उपरांत कम्पनी का नियन्त्रण टाटा के हाथ में आ गया।

एफ.टी.एस.ई. मजदूरों की 100वीं नामांकित कम्पनी थी। इससे पहले इस कम्पनी को ब्रिटिश स्टील से जाना जाता था। टाटा ने उम्मीद से ज़्यादा आठ मंडलों की नीलामी में, भारतीयों ने 6.7 अरब डालर या 608 पी शेयर जमाकर कोरस की हिस्सेदारी प्राप्त की।

किसी तरह से कम्पनी की सफलता ब्रिटिश स्टील व हूगोवन्स के साथ 1999 के मेल से नीदरलैंड में स्थापित हुई। वे व्यवसाय के कड़े नियमों की चेतावनी देते हुए कहा कि टाटा यदि भारत में कम लागत पर उत्पादन की कोशिश करता है तो उसे कई परेशानियों का सामना करना पड़ सकता है।

संघ समुदाय के महासचिव माइकल लेहे ने कहा–'हम किसी भी तरह की जल्दबाजी के लिए तैयार नही हैं या यू.के. स्टील उद्योग के समर्पण के लिए! टाटा को इस मोहजाल में निहित नहीं रहना चाहिए कि हम लोग अपने सभी स्रोतों का इस्तेमाल कर इस लक्ष्य को पाना चाहेंगे।

टाटा व कोरस अधिकारी ने सफलता के बारे में कहा–'स्टील उद्योग के विश्व मे विशाल या सर्वमान्य पाँचवें नम्बर पर स्थापित करने हेतु व्यवसाय में विस्तार व वृद्धि करनी होगी'। कोरस के प्रतिनिधि के तौर पर कहा कि यह एक विकास है, कमी नहीं है। यह संसार भर में व्याप्त बाज़ार की बराबरी या प्रतिस्पर्धा करने के कार्य से संबंधित है।

स्टील उद्योग के भविष्य के बारे में और उत्तरी इंग्लैंड व दक्षिणी वेल्स के मजदूरों के संदर्भ में कम्पनियाँ कुछ भी कहने से खास तौर पर बचने की तमाम कोशिश कर रही थी।

नीलामी जब शुरू हुई तो स्टॉक बाजार बंद हो गया था। शहर को मुठ्ठी में लेने हेतु अधिकतर उत्तेजित मुनाफाखोर अभिकारी पद पर बैठने के लिए चाहते थे कि ब्रिटिश कम्पनी की नीलामी की शुरूआत नीचले स्तर से हो। सभी आठों मंडलों से आशा थी कि नतीजा कम्पनी की सफलता के रूप में नियम के तहत ही आए। सी.एस.एन. के 603 पी के सामुहिक प्रस्ताव को पीछे छोड़ टाटा ने 5 पी आगे होकर कम्पनी की हिस्सेदारी हासिल की।

टाटा के जीतने के बाद उसके निवेशकर्ता आश्चर्यचकित थे कि मुबई में उनके अंश निर्धारित रेखा से 9 प्रतिशत कम है लेकिन वह खुश थे कि वह कोरस के हिस्सेदार हैं।

अंत में कोरस को पिछले दिनों के मुकाबले अब तक की सबसे अधिक 45 पी पर बाज़ार को बंद किया था। टाटा का 455 पी से अधिक यह तीसरा मौलिक प्रस्ताव था और कोरस की अक्टूबर की कीमत से 69 प्रतिशत अधिक। टाटा ने दिन बीतने से पहले ही ब्याज के नियम तोड़ डाले।

टाटा के वित्त निदेशक इशांत हुसैन ने बताया कि कोरस हमारे साथ समझौता करना चाहते थे। वह स्टील उद्योग मे एकीकरण से आगे बढ़ना चाहते थे। कोरस ही केवल ऐसी महत्वपूर्ण शक्ति थी जो एकीकरण करके शायद अधिकतम लाभ प्राप्त करा सका। तभी तो कोरस टाटा स्टील के लिए महत्वपूर्ण थी।

❑

# 22

# लैंड रोवर–जगुआर का सौदा

जगुआर लैंड रोवर असाधारण प्रारूप व यांत्रिक सक्षमताओं वाले ब्रिटेन के दो बड़े कार ब्रांडों के बीच हुआ व्यापार है। जगुआर लैड रोवर का निर्माण यू. के. से होता है।

जगुआर कार की स्थापना सन 1922 में हुई थी। यह स्पोर्ट्स कार के विश्व के बड़े निर्माताओं में से एक हैं। लैंड रोवर सन 1948 से चार बाई चार का निर्माण करते आ रहे हैं।

जगुआर लैंड रोवर के कारोबार में यू.के.में-16,000 कर्मचारी कार्यरत हैं। इनमें से 3,500 इंजीनियर कॉवेन्ट्री के विटली में व वारविकशायर के ग्रेडॉन के उत्पाद विकास केन्द्रों में कार्यरत हैं।

जगुआर के एक्स.एफ., एक्स.जे. एवं एक्स.के. प्रारूप यू.के. के बिरमिधंस के कम्पनी के कैसल बॉमविच उपकरण से निर्मित होते हैं। जगुआर

एक्स-टाइप यू.के. के लिवरपुल के हेलवुड उपकरण से उत्पादित होते हैं। वहीं से लैंड रोवर फ्रीलैंडर-2 का भी उत्पादन होता है। लैंड रोवर के अन्य प्रारूप डिफेन्डर, डिस्कवरी 3, रेन्ज रोवर स्पोर्ट और रेन्ज रोवर यू.के. के सोलिहुल से बनते हैं।

यू.के. में व्यवसाय धन उगाही का एक बड़ा माध्यम है जिसमें 78 प्रतिशत हिस्सा लैंड रोवर के 169 देशों में निर्यात एवं 63 देशों में जगुआर के 70 प्रतिशत निर्यात के द्वारा आता है। इस बिक्री कार्य को प्रमुखत: डीलरों और आयातकों के द्वारा उपभोक्ताओं तक पहुँचाया जाता है।

टाटा मोटर्स ने 26 मार्च को फोर्ड मोटर कम्पनी से 2.3 अरब डॉलर की कीमत पर (नगर लेन-देन करके) जगुआर लैंड रोवर को प्राप्त किया। फोर्ड ने जगुआर-लैंड रोवर निवृत्ति योजनाओं पर करीब 600 करोड़ यू.एस. डॉलर का योगदान दिया।

टाटा संस और टाटा मोटर्स के चेयरमैन, रतन टाटा, इस संपदा के अर्जित समारोह में फोर्ड मोटर कम्पनी के प्रमुख वित्तीय अधिकारी व कार्यकारी उपाध्यक्ष डॉन लिक्लेयर और फोर्ड मोटर कम्पनी के कार्यकारी उपाध्यक्ष, लुईसबुथ के साथ यू.के. के गेडॉन में जगुआर लैंड रोवर के मुख्यालय में मौजूद थे।

रतन टाटा ने इस समारोह के बारे में कहा-'टाटा मोटर्स के लिए यह महत्वपूर्ण दिन है। जगुआर और लैंड रोवर दोनों ही ब्रिटेन के बड़े व आदर्श ब्रांड हैं। हम जगुआर-लैंड रोवर की टीम को पूरा सहयोग देंगे। ये दोनों ही ब्रांड्स पहले की भांति ही अपने अस्तित्व से जाने जाएंगे। ये पहले की ही तरह व्यापार करेंगे। हमने इन दोनों ही ब्रांडस में महत्वपूर्ण सुधार देखे हैं। आगे भी इसी तरह कार्यरत रहेंगे। हमारा ध्येय इन ब्रांड्स के साथ समीप होकर कार्य करना व इन्हें सफल बनाना है।'

टाटा मोटर्स ने बताया कि प्रमुख प्रशासकीय कार्यकारी अधिकारी, डेविड स्मिथ, ही नये सी.ई.ओ रहेंगे। स्मिथ के पास फोर्ड व जगुआर-लैंड रोवर में कार्य करने का 25 वर्षों का अनुभव रहा है। डेविड जगुआर लैंड रोवर में प्रमुख वित्तीय अधिकारी के पद पर लौटने से पूर्व यूरोप के फोर्ड और पैग के निदेशक (वित्तीय एवं व्यापार योजना) रहे हैं।

स्मिथ ने कहा –'हम टाटा मोटर्स के साथ जुड़कर काफी प्रसन्न हैं। हम कम्पनी के उज्ज्वल भविष्य की कामना करते हैं।

जगुआर लैंड रोवर 2.3 बिलियन यू.एस.डॉलर पर प्राप्त की गई है। इसको टाटा मोटर्स के खरीदने के बाद भी जगुआर और लैंड रोवर के पास निर्माण हेतु उपकरण, यू.के. में दो प्रारूप केन्द्र, राष्ट्रीय बिक्री कम्पनीज़ का सम्पूर्ण विश्व मे नेटवर्क है।

ये दोनों ही कम्पनियाँ हाईब्रिड टेक्नोलॉजी व पॉवरट्रेन इंजनियरिंग के विकास हेतु सामंजस्य में कार्य करेंगे। कुछ समय के लिए फोर्ड मोटर क्रेडिट कम्पनी जगुआर लैंड रोवर के सौदागरों को वित्त प्रदान करेगी। टाटा मोटर्स जल्द ही वित्तीय सेवा का प्रबंध कर लेगी।

❑

# 23

# सिंगुर विवाद

सिंगुर पश्चिम बंगाल के हुगली जिले में एक छोटा-सा कस्बा है। सिंगुर रेलवे स्टेशन हावड़ा-तरकेश्वर लाइन पर है, जो हावड़ा स्टेशन से 34 कि.मी. की दूरी पर स्थित है। सिंगुर स्टेशन कमरकुंदू जंक्शन से 2 कि.मी. आगे है। यहं दनकुबी शक्तिगढ़ दुर्गापुर एक्सप्रेस वे के पास है।

जब टाटा की लखटकिया नैनो का निर्माण टाटा मोटर्स ने सिंगुर में प्रारंभ किया, तब सिंगुर ने अंतर्राष्ट्रीय मीडिया में अपना स्थान बना लिया। इस छोटी सी कार को वर्ष 2008 में बाज़ार में उतारने की योजना बनाई गई थी। पश्चिम बंगाल सरकार द्वारा कम्पनी को छह स्थान दिखाए गए थे, तब जाकर सिंगुर का चयन किया गया। स्थानीय 12,000 विस्थापित किसानों में से 2000 किसानों द्वारा इस परियोजना का भरपूर विरोध किया गया। इस विरोध ने राजनैतिक रुख ले लिया। पश्चिम बंगाल की विपक्ष की नेता ममता बनर्जी ने इन विरोधी किसानों का भरपूर साथ दिया।

ममता बनर्जी के इस 'किसानी जमीन बचाओ' आंदोलन में उनका साथ मेधा पाटकर, अनुराधा तलवार और अरुंधती रॉय जैसे बड़े नामों ने भी दिया। सिंगुर के औद्योगीकीकरण के विरुद्ध ममता के इस आंदोलन में कोलकाता के कुछ विद्वान, अपर्णा सेन, कौशिक सेन, शोनली मिश्रा और सुवाप्रसन्ना इत्यादि, ने भी सहयोग दिया। इसके साथ ही ममता और उनकी तृणमूल कांग्रेस पार्टी का अन्य वामपंथी दलों ने भी साथ निभाया। अंततः टाटा समूहं को 3 अक्टूबर, 2008 को सिंगुर से विदाई लेनी ही पड़ी। इस निर्णय से पश्चिम बंगाल की सरकार को निवेश का भारी नुकसान उठाना पड़ा। टाटा समूह ने 7 अक्टूबर, 2008 को अपनी टाटा नैनो को गुजरात के सनन्द शहर में स्थापित करने की घोषणा की।

टाटा मोटर्स कारोबार जगत में काफी प्रसिद्ध है। पश्चिम बंगाल में नैनो परियोजना चलाने का टाटा का निर्णय राज्य को औद्योगिक विकास के

सुअवसर दे रहा था। चीन, दक्षिण कोरिया एवं तमिलनाडु के अनुभवों से कहा जा सकता है कि उद्योग किसानों को कृषि-संबंधी कार्य से अधिक नौकरी और पैसा दे सकता है। यदि नैनो परियोजना पश्चिम बंगाल में सफल हो जाती, तो आज अन्य उद्योगों के लिए वहां विकल्प खुल जाते। इसके साथ ही वहां से गरीबी से भी छुटकारा पाया जा सकता है। सिंगुर से हटाये जाने के पश्चात अन्य कई राज्यों ने टाटा मोटर्स को जमीन देने का प्रस्ताव दिया। सिंगुर की आधी से ज़्यादा जमीन चिकनी थीं। जमीन के मालिक जमीन की उस भरपाई से खुश थे। कुछ मालिक, किसान एवं तृणमूल कांग्रेस के सहयोगियों ने उस पूर्ति को लेने से इंकार किया। विरोधियों का कहना है कि भूमि उपजाऊ है, परन्तु भूमि-मालिकों ने कभी भी उस जमीन पर पंजाब जैसी खेती नहीं देखी है।

कम्पनी ने अपनी तरफ से इसकी पूर्ति करने के लिए कई ठोस वायदे

*टाटा का सिंगुर स्थित प्लांट*

किये। उनके मुताबिक सिंगुर एक छोटा ऑटो शहर बन जाता। कारखाने के साथ-साथ 70 विक्रेता भी वहां अपनी दुकान लगाते। इसमें पूर्ण लागत करीब 1000 करोड़ रुपये की लगती। परन्तु इस परियोजना पर शुरू से ही विवाद रहा।

## भूमि को प्राप्त करने पर खड़ा विवाद

टाटा प्रबंधन ने 23 सितम्बर, 2008 को पश्चिम बंगाल का सिंगुर कस्बा छोड़ने का निर्णय लिया। पश्चिम बंगाल सरकार को इस विषय में सूचित कर दिया गया। कोलकाता में हुई प्रेसवार्ता में 3 अक्टूबर, 2008 को रतन टाटा ने

आधिकारिक तौर पर इसका ऐलान किया।

जो पार्टी उस दौरान शासन कर रही थी, उस पर कार के निर्माण के लिए 997 एकड़ कृषि-भूमि के स्थान पर कारखाना बनाने को लेकर कई सवाल खड़े किये जाने लगे। (कोलोनियल लैंड एक्वीजिशन एक्ट, 1894 के तहत) राज्य इस जमीन को जन-आवश्यकताओं के लिए प्रयोग कर सकता है, परन्तु निजी कारोबार के लिए कतई नहीं कर सकता। कोलकाता उच्च न्यायालय ने इस अर्जित संपत्ति को गैर-कानूनी करार दिया है।

सिंगुर में टाटा मोटर्स वाला स्थान सर्वाधिक उपजाऊ है और वहां की आम जनता कृषि संबंधी आय पर आश्रित है। करीब 15,000 लोगों की जीविका सीधे तौर पर कृषि-माध्यमों से जुड़ी है। टाटा मोटर्स से करीब 1,000 लोगों को ही कार्य मिल पाता, फिर बाहरी व्यक्ति के हस्तक्षेप से उनकी आजीविका को खतरा नज़र आ रहा था। वातावरण के प्रदूषित होने का खतरा भी लहरा रहा था।

मुख्य विरोधियों के रूप में ममता बनर्जी की तृणमूल कांग्रेस पार्टी और भारत के सामाजिक एकता केन्द्र उभरे। इस आंदोलन को नागरिक अधिकार, मानवाधिकार समूह, कानून, मेधा पाटकर और अनुराधा तलवार जैसे सामाजिक कार्यकर्ता, बुकर पुरस्कार विजेता व लेखिका अरूधंती रॉय और महाश्वेता देवी और (मेंगासेंसे और ज्ञानपीठ पुरस्कार विजेता) अमर्त्य सेन ने भी कारखाना स्थापित करने का विरोध किया।

इन विरोधियों ने सीपीआई (एम) के नेताओं को भलाबुरा कहा और पार्टी के समर्थकों के साथ हिंसात्मक रूख भी अपनाया। राज्य सरकार ने एक माह के लिए भारतीय दंड संहिता की धारा 144 किया गया, जिसे कुछ समय पश्चात बढ़ा दिया गया। इसे कोलकाता के उच्च न्यायालय ने गैर-कानूनी घोषित कर दिया।

जहां एक ओर किसान कारखाने खुलने के भय से परेशान थे वहीं दूसरी ओर सीपीआई (एम) क़ारखाने के स्वागत में खड़ी थी।

## भूमि बंधी घेराव में

विवाद के पश्चात राज्य-प्रशासन ने परियोजना वाली भूमि को 1 दिसंबर, 2006 को घेराव में बांधना आरंभ कर दिया। जब ममता बनर्जी को राज्य की पुलिस ने सिंगुर में प्रवेश करने पर प्रतिबंध लगा दिया, तब संपूर्ण राज्य में बंद का ऐलान कर दिया गया। ममता बनर्जी 25 दिन की भूख हड़ताल पर चली गई। उन्होंने उन किसानों के हलफनामे भी प्रस्तुत किए जो अपनी जमीन से अलग नहीं होना चाहते थे।

सी.पी.आई (एम) पार्टी के सदस्य एवं पुलिस ने पूरी तरह घेराबंदी कर रखी थी। एक विरोधी तपासी मलिक का 18 दिसंबर, 2006 को बलात्कार और जलाकर मारने का आरोप भी सी.पी.आई. (एम) पर था। सी.बी.आई. ने इस जुर्म के लिए सी.पी.आई (एम.) के देबु मलिक और सी.पी.आई (एम.) जोनल कमेटी के सचिव सुहरीद दत्ता को गिरफ्तार कर लिया। उसके बाद लगातार गांव वाले भी घेराबंदी पर हमला करते रहे। परन्तु कोई फायदा न हुआ, उल्टा एक किसान ने अपनी भूमि खोने पर आत्महत्या कर ली।

## उपकरण का निर्माण

21, जनवरी, 2007 को टाटा समूह ने सिंगुर में अपना उपकरण लगाया। टाटा समूह ने 3 अक्टूबर, 2008 को राजनैतिक उथल-पुथल और उपकरण के विरोध में तृणमूल कांग्रेस के आंदोलन के कारण सिंगुर छोड़ने का ऐलान किया।

## प्रक्रिया-क्रम में छूट

सरकार ने टाटा मोटर्स को जो छूट दी थी, वह सार्वजनकि नहीं की गई थीं। 912 एकड़ जमीन सरकार ने उन्हें उपलब्ध करा दी। जिसे कोलकाता उच्च न्यायालय ने कानूनी तौर पर सही घोषित किया। कुछ समय पश्चात न्यायालय ने हलफनामे मांगे। जून 2007 में जमां कराये गए नए हलफनामों में सरकार ने माना कि 30 प्रतिशत भूमि किसानों की इजाजत के बिना अर्जित की गई है। हलफनामे में यह साफ नहीं किया गया था कि इनकार किस बात से किया गया था। पूर्ति से नाखुश होकर अथवा एक-साथ जमीन बेचने पर?

3 अक्टूबर, 2008 को मुख्यमंत्री से मिलकर रतन टाटा ने अपनी नैनो परियोजना को पश्चिम बंगाल से हटाने का निर्णय लिया। उनका गुस्सा ममता बनर्जी एवं उनकी पार्टी पर निकलता हुआ नज़र आया।

❑

# 24

# नैनो चली गुजरात

जब नैनो को पश्चिम बंगाल में स्थान नहीं मिला, तो टाटा की नैनो ने गुजरात की ओर रुख किया। टाटा की नैनो परियोजना, विश्व की सबसे सस्ती कार को बनाने के लिए स्थान गुजरात के सनंद शहर में मिला। गुजरात के मुख्यमंत्री नरेन्द्र मोदी ने इस कार का स्वागत पलकें बिछाकर किया।

रतन टाटा ने कर्नाटक, आंध्रप्रदेश, महाराष्ट्र एवं उत्तराखंड जैसे स्थानों के विश्लेषण के पश्चात अहमदाबाद से तीस किलोमीटर की दूरी पर स्थित 'सनंद' स्थान का चयन कर नैनो परियोजना प्रारंभ की। गुजरात की जलवायु भी इस उद्योग पर अत्यधिक मेहरबान रही। गुजरात की जनता ने भी टाटा नैनो परियोजना का तहे दिल से स्वागत किया। इन्हीं कारणों से प्रभावित होकर नरेन्द्र मोदी ने नैनो परियोजना के लिए 1100 किलोमीटर की जगह भी मुहैया करवाई।

*रतन टाटा एवं नरेन्द्र मोदी*

टाटा की नैनो परियोजना सनंद में ऐसे स्थान पर स्थित है जहां से राष्ट्रीय राजमार्ग-8 राजकोट एवं अहमदाबाद को जोड़ता है। यह जगह ढोलेरा बन्दगाह के करीब ही स्थित है। जो जल्दी ही दिल्ली-मुंबई के जहाजों के माल लादने के गलियारे का रूप लेकर औद्योगिक विकास करेगा। तब टाटा के लिए नैनों का निर्यात करना भी आसान हो जाएगा।

टाटा का स्वागत वहां के किसानों ने तहे दिल से किया। उन्होंने अपनी भूमि को प्रस्तावित सड़कों के निर्माण हेतु अपनी इच्छा एवं खुशी-खुशी से दे दिया। टाटा मोटर्स को दी गई जमीन आनंद कृषि-संबधी विद्यालय ने मुहैया करवाई।

सनद का नैनो के लिए कुछ आवश्यक उपकरण के उपलब्ध स्थान राजकोट के पास होना इस परियोजना के लिए लाभदायक रहा। सिंगुर से बिल्कुल भिन्न, गुजरात की स्थानीय जनता एवं राजनीतिज्ञों ने इसे अपनी अर्थनीति के लिए वरदान मानकर हाथों हाथ लिया।

सनंद से नैनो परियोजना वर्ष में 2, 50,000 कारों का निर्माण करने में समर्थ है।

रतन टाटा पश्चिम बंगाल के सिंगुर में विरोध प्रदर्शन करते किसानों एवं तृणमूल कांग्रेस के विरोध से काफी दुखी थे। परन्तु जल्द ही गुजरात सरकार का साथ पाकर वह अपनी नैनो परियोजना को सफल होते देख काफी प्रसन्न थे। उन्होंने कहा-‘गुजरात सरकार ने टाटा मोटर्स को जो सुविधाएं उपलब्ध करवाई है, वह पश्चिम बंगाल सरकार द्वारा उपलब्ध करवाई गई सुविधाओं से बेहतर हैं।"

नैनो नामक छोटी कार का निर्माण आज सनंद उपकरण से हो रहा है। कुछ समय तक इसका निर्माण टाटा मोटर्स के पंतनगर उपकरण से भी किया गया था।

फिलहाल, सनंद में पेट्रोल से चलने वाली टाटा नैनो कार का निर्माण हो रहा है। कुछ समय पश्चात डीजल, बिजली एवं सी.एन.जी. से चलने वाली नैनो कार का निर्माण भी यहीं से होगा।

❑

25

# ताजमहल होटल

बॉम्बे (मुंबई) का ताजमहल होटल जमशेदजी एन. टाटा के दिमाग की खपत थी। जमशेदजी टाटा का मानना था कि भारत की वाणिज्यिक राजधानी बॉम्बे में एक अन्य होटल होना चाहिए, तभी विश्व के अन्य शहरों की भांति भारत की ख्याति में बढ़ोतरी होगी। जमशेदजी टाटा भारत के मुख्य कारोबारी समुदाय टाटा समूह के कल्पनाशील संस्थापक थे।

किंग जॉर्ज एवं क्वीन मेरी के आगमन के उत्सव में सन 1928 में गेटवे ऑफ इंडिया के बनने से पूर्व ही वैभवशाली सीमासिंह के तौर पर बॉम्बे में ताजमहल होटल तैयार था। ताजमहल पैलेस एवं टावर किसी राजशाही घराने से कम नहीं है। ताजमहल पैलेस एवं टावर मुंबई के सर्वदेशीय समुदाय एवं प्रगतिशील उत्साह के लिए एक जीवंत श्रद्धांजलि है।

सन 1903 में ताजमहल पैलेस एंड टावर के निर्माण के बाद मुंबई ने एक नया इतिहास रचा। ताज होटल ने न सिर्फ राजा-महाराजा, अपितु अध्यक्ष, सी. ई.ओ. एवं मनोरंजन जगत से जुड़े लोगों का भी खूब मनोरंजन एवं मेहमान नवाजी की।

सन 1903 में बने इस होटल की वास्तुकला अद्‌भुत है। इसमें मूरीश, ओरियन्टल एवं फ्लोरेन टाइन स्टाइल का समागम है। ताजमहल होटल से अरब सागर एवं गेटवे ऑफ इंडिया के विस्तृत दृश्य दिखाई पड़ते हैं। यहां के खड़िया मिट्टी की छत एवं खूबसूरत गुम्बद, स्वच्छ झाड़, गोमेदक रत्न जड़ित खंभे, हाथ की कारीगरी से बुने रेशमी कालीन, अत्यंत समृद्ध कला-संग्रह इत्यादि भारत की समकालीन खूबसूरती का बखान करते हैं।

70 के दशक में इस होटल के साथ एक और किला जोड़ दिया गया। इसके साथ ही होटल में कमरे दोगुने हो गए। जन सुविधा हेतु निकास भी बढ़ा दिया गया। इस किले का निर्माण मेल्टन बेकर नामक अमेरिका के सुप्रसिद्ध वास्तु निर्माता ने किया।

इस किले के भीतरी भाग का वास्तु निर्माण हांग-कांग के रचनाकार डेल केलर ने किया। उन्होंने इसे भारतीय रंगरूप देकर सजाया।

90 के दशक में किले का पुनः निर्माण किया गया। कई स्थानों में बदलाव किया गया। ऊपरी चार तलों के कमरों का आधुनिकीकरण किया गया। आधुनिक संचार सुविधाएं एवं साज-सज्जा की सामग्री का विस्तार किया गया।

अब तक होटल में चित्रकला एवं अन्य कलाओं का विस्तृत समृद्ध है। यहाँ देश-विदेश से लाई गई कई रचनाएं मौजूद हैं।

## ताज पैलेस में उपलब्ध सुविधाएं

वैसे तो ताजमहल होटल भारत का सबसे पुराना होटल है, परन्तु इसमें सात सितारा होटल की सारी सुविधाएं उपलब्ध हैं। होटल में उपलब्ध मुख्य सुविधाएं इस प्रकार हैं :-

**होटल ताजमहल पैलेस एंड टावर में 565 कमरे एवं 46 नौकर-चाकर हैं–**

यह होटल किसी राजसी महल जैसी ही सुख सुविधा अपने ग्राहकों को उपलब्ध करवाता है।

ताजमहल पैलेस एण्ड टावर, अपने ताज क्लब के कमरों में विशेष सहायकों की सुविधा भी उपलब्ध करवाता है। इस होटल की सर्विस में वायरलेस इंटरनेट एक्सेस, ब्रॉडबैंड, इंटरनेट एक्सेस, वीडियो क्रांफ्रेसिंग, किराए पर लैपटॉप और मोबाइल फोन जैसी सुविधा, ऑफिस सम्बन्धी कार्यों के लिए पोर्टेबल प्रिंटर अनुवाद/भाषान्तरण सेवा आदि की सुविधा भी उपलब्ध करवाई जाती है। इसके अतिरिक्त डॉक्टर्स, ट्रैवल, बेबी सिटिंग, ब्यूटी सलून, कार, लॉण्ड्री, ड्राई क्लीनिंग, आदि सुविधाएं भी उपलब्ध करवाई जाती है।

❑

## 26

# ताज को आतंकवादी हमले की पूर्व चेतावनी

रतन टाटा, ताज होटल के मालिक और टाटा समूह के चेयरमैन, ने अपने एक साक्षात्कार में बताया कि मुंबई के ताज महल पैलेस और टावर होटल पर होने वाले आतंकवादी हमले की आशंका जताई गई थी, चेतावनी भी दी गई थी। इस दृष्टि से सुरक्षा भी बढ़ाई गई थी। परन्तु बन्दूक धारियों को रोका न जा सका।

मुंबई के ताज होटल में 59 घंटे चले इस हमले में 183 लोग मारे गए और करीब 239 लोग घायल हो गए।

टाटा ने फ़रीद ज़कारिया को दिए अपने साक्षात्कार में कहा–'यह काफी व्यंग्यात्मक है कि हमारे पास चेतावनी के साथ-साथ सुरक्षा के कड़े इंतजाम भी थे।'

रतन टाटा ने मिली चेतावनी के बारे में ज़्यादा न बताते हुए सुरक्षा के इंतजामों के बारे में बताया। पिछले दिनों हुए इस हिंसात्मक हंगामे से पहले ही

सभी अतिथियों को मेटल डिटेक्टर से होकर गुजारा जा रहा था। इसके साथ ही होटल के मण्डप के अंदर गाड़ी खड़ी करने की सुविधा पर भी रोक लगा दी गई थी। टाटा ने माना कि आतंकवादियों को फिर भी रोका नहीं जा सका।

टाटा ने कहा–'वो जानते थे वो क्या कर रहे हैं।

वे आगे के दरवाज़े से नहीं गए। हमारे सुरक्षा इंतजाम आगे ही थे। वे सुनिश्चित योजना के साथ आए थे। उन्होंने मेरे हिसाब से सबसे पहले स्निफर कुत्ते और उसके मालिक को मारा होगा। फिर वे रसोई से अंदर आए होंगे।'

ताज होटल सन 1903 में खुला था। यह भारत का सबसे ज़्यादा प्रसिद्ध और सर्वाधिक राजशाही ख्याति प्राप्त होटल है। होटल का झुलसा हुआ भीतरी भाग ग्रेनेड ब्लास्ट और बुलेट के छेदों से बुरी तरह नष्ट हो चुका है। इसके गलियारे बुरी तरह खून से लथपथ हो गए। इन हमलों से शहर की कानून व्यवस्था और प्रबन्धन के सच से पर्दा उठ गया।

टाटा ने कहा–'शहर की सामाजिक अर्थव्यवस्था अत्यंत उदासीन कर देने वाली है। पुलिसकर्मी बुलेट प्रूफ बनियान पहनने के बावजूद मारे गए। आग बुझानो वालों का दल घटनास्थल पर तीन घंटे बाद पहुंचा।'

टाटा ने कहा–सरकारी महकमा इस बात को लेकर संतुष्ट था क्योंकि अब अब तक हमारे ऊपर इस तरह का आतंकवादी हमला कभी नहीं हुआ था।'

परन्तु इसके साथ ही उन्होंने मुंबई वासियों की काफी प्रंशसा की और उन्हें एक होकर कार्य करने के लिए कहा।

उन्होंने कहा–'इस तरह की आतंकवादी घटनाओं ने हमें अपने वशीभूत करने के बजाय हमें संकल्प दिया है कि हमें कोई हिला नहीं सकता। हम इस तरह की हिंसात्मक घटनाओं से नाराज़ अवश्य हैं, परन्तु हम डरे और हारे नहीं हैं।'

ताज होटल के स्टाफ ने होटल को दोबारा व्यवस्थित और सुसज्जित करने की शपथ ली है।

टाटा ने बताया–"होटल के मुख्य प्रबंधक, करमबीर कंग ने इस हादसे में अपने पूरे परिवार को खो दिया। करमबीर की पत्नी और 14 व 15 वर्षीय दो पुत्र मारे गए। मैं उनके पास गया और उनका दर्द बांटा तो उन्होंने कहा–'सर, हम उन्हें हराएंगे। हम ताज को दोबारा बनाएँगे।"

❑

## इस क्रांति-बेला में टाटा की अर्थव्यवस्था की माँग

ताज पर हुए इस हमले के कुछ समय पश्चात रतन टाटा ने इन हादसों से भी प्रशासन के न सीखने पर निराशा जताई। उन्होंने कहा ऐसे संक्रामक हादसों के लिए इंफ्रास्ट्रक्चर रखा जाना चाहिए जो आतंकवादी हादसों के फौरन बाद इस्तेमाल किये जा सकें।

उन्होंने टाटा कम्पनीज़ के प्रमुखालय 'बॉम्बे हाउस' के बाहर संवाददाताओं से कहा–'कुछ सालों पहले भी बम धमाके हुए थे। लेकिन जब ऐसे हादसे हो जाते हैं, केवल तभी लोगों का ध्यान जाता है। इसके स्थान पर प्रशासन को ऐसे हादसों के लिए 'क्राइसिस इन्फ्रास्ट्रक्चर' तैयार रखना चाहिए।'

उन्होंने कहा–'यदि ऐसा नहीं किया जाता है तो हमारे लिए अपने देश के नगारिकों की रक्षा करना बहुत मुश्किल हो जाएगा। इस हादसे में भी निर्दोष लोगों की जाने गई हैं।'

टाटा समूह का ताज होटल आतंकवादियों का केन्द्र-बिंदू था। टाटा ने कहा-निर्दोष लोगों पर इस तरह के मनमौजी और भयंकर हमलों का भारत के महत्वपूर्ण स्मारकों व सीमाचिन्हों को नष्ट करने वालों का हमें विरोध करना चाहिए। उन्हें दंडित करना चाहिए।'

टाटा ने यह भी कहा–'हमारे देश में आए कई निर्दोष अतिथिजन मारे गए। होटल के अंदर कई लोग मारे गए। सड़कों पर लोग मारे गए।'

एक विज्ञापनकर्ता, सुहेल सेठ, भी उस वक्त ताज होटल में मौजूद थे। उन्होंने कहा–'होटल का प्रबंधन मंडल अत्यंत सहयोगी रहा। उन्होंने इस मुश्किल दौर में बेहतरीन तरीके से काम किया, होटल के स्टाफ सदस्य कानूनी परेशानियों के बारे में भी इत्तेल्ला करते रहे। लोगों को बाहर निकालने में परेशानी भी हो रही थीं, लेकिन सबने साथ निभाया।'

टाटा से जब होटल में हुए नुकसान के बारे में पूछा गया तो उन्होंने कहा–'जब तक स्टाफ और हम पूरा जायजा न ले लें कि कितना नुकसान हुआ, तब तक कुछ कहा नहीं जा सकता। हमने अभी कोई निश्चित अनुमान नहीं लगाया है। हम होटल को खाली करवाने में लगे थे।

## 27

# जब ताजमहल पैलेस एण्ड टावर पुनः खुला

21 दिसंबर, 2008, रविवार को सायं 7.00 बजे ताज महल पैलेस एंड टावर में पहली बार हादसे के बाद अतिथिगण पहुँचे। 7.30 बजे 21 दिसंबर को होटल के पाँच भोजनालयों में पहले रात्रिभोज के रूप इस सहयोग के लिए उत्सव मनाया गया। उस दिन सारे भोजनालय भरे हुए थे। होटल का टावर विंग आतंकवादी हमले के 24 दिन बाद खुला।

इस खास मौके पर इंडियन होटल्स कम्पनी लि. के चेयरमैन, रतन टाटा , ने कहा–'आज का दिन चमत्कारिक रूप से आगे बढ़ने का दिन है। सभी के प्रयत्नों के बाद आज ताज होटल एक बार फिर खुला है। यह सभी निर्दोष मारे गए लोगों क़ो समर्पित है। मुंबई के हमले में जिन लोगों ने भी अपनी जाने गँवाई हैं, उन सभी के लिए यह एक श्रद्धांजलि है।'

'हमने पुलिस, सुरक्षा दलों से एवं होटल के स्टाफ से उत्तम साहस और स्वरहित सेवा की कई कहानियाँ सुनी है। उन्होंने आकांक्षा और आशा के नए आयाम प्रस्तुत किये हैं।'

26 नवम्बर, 2008 को होटल पर हुए इस आतंकवादी हमले में गई जानों, के लिए स्मृति के रूप में जीवन का पेड़ खड़ा करके नमस्कार किया गया। हादसे में मारे गए 31 निर्दोष और साहसी लोगों के नाम इसकी नींव पर साक्ष्य के रूप में अंकित किये जाएँगे।

ताज होटल्स, रिर्सोट्स एंड पैलेस के एम डी और सी.ई.ओ, रेमंड क्सिन, ने कहा–'मुंबई शहर में हुए इस आतंकवादी हमले में नष्ट हुई जिंदगियाँ काफी त्रासदीपूर्ण घटना है। हमारे होटल में 31 लोग मारे गए। उनमें से कुछ हमारे मेहमान थे, कुछ हमारे स्टाफ के सदस्य और कुछ साहसी पुलिस और सुरक्षाकर्मी थे। इन लोगों को श्रद्धांजलि देने व याद करने के लिए इससे बेहतर कुछ नही हो सकता था।'

स्मारक तैयार करने वाली इस कला को जयदेव भगेल ने अंजाम दिया है। अब 'जीवन का पेड़' होटल के कला संग्रह में शामिल हो चुका है। यह होटल के पांचवें तले पर सीढ़ियों के पास खंभे के नीचे खड़ा है। यह मूर्तिकला पीतल और कांसे से मिश्रित होकर बनी छह फीट लंबी मूर्ति है। जीवन के इस पेड़ को अकसर अमरत्व से जोड़कर भी देखा जाता है। यह कई संस्कृतियों के लिए एक ताकतवर चिंह है। यह स्मारक हादसे में मारे गए लोगों के खोने का चिंह न होकर सामर्थ्य रूपी जीवन का चिंह है।

टाटा ने कहा–'मैं पूरे शहरवासियों, सभी एजेन्सियों के प्रयत्नों, समर्पण और साहस की सराहना करता हूँ। हर किसी ने पूरे ज़ज्बे और साहस के साथ इस कठिन परिस्थिति का एकता दिखाते हुए सामना किया। मैं इस होटल को दोबारा बनाने मे सहायक सभी पुलिसकर्मी, चिकित्सकों, आग बुझाने वालों की, एन.एस.जी. कमान्डोज़, नेवी इत्यादि की प्रशंसा करता हूँ। हमारे पूरे स्टाफ की मेहनत और प्रयत्नों से ही इतने उत्तम और सम्मानजनक रूप में होटल एक बार पुनः खुला है।'

इन हमलों के परिणामस्वरूप ताज होटल ने हादसे के शिकार सभी लोगों के लिए फंड जारी किया है। यह फंड केवल ताज महल होटल में पीड़ित व्यक्तियों के लिए ही नहीं, सभी पीड़ित शहरवासियों के लिए है।

टाटा ने आगे कहा–'अभी होटल में बहुत कुछ काम करना बाकी है। परन्तु हम सब ताज को ईट दर ईट फिर से तैयार करने के लिए दृढ़ हैं। ताज को उसकी पुरानी प्रतिष्ठा ज़रूर वाप़स मिलेगी।'

मुंबई में 26 नवम्बर, 2008 से 29 नवम्बर, 2008 के बीच हुए इन हमलों में पुलिस, सुरक्षाकर्मी, अग्नि-शमनकर्ता, होटल के कर्मचारी, अतिथिगण और आम जनता घायल हुई। कई जाने भी गईं। इस दर्दनाक हादसे के बाद होटल को सम्पूर्ण विश्व से न केवल भावनात्मक सहयोग मिल रहा है, अपितु राहत कार्यों के लिए धनराशि भी मिल रही है। ताज समूह ने अब इसके लिए 'ताज जन कल्याण ट्रस्ट' नामक एक ट्रस्ट बनाया है।

इस ट्रस्ट का उद्देश्य हमले में पीड़ित सभी व्यक्तियों को जल्द से जल्द राहत कार्य एवं धनराशि देना है। फिर चाहे वह आम जनता, स्टाफ कर्मचारी हो या सुरक्षाकर्मी हों। आगे भी यह ट्रस्ट ऐसे हादसों के लिए काम करता रहेगा। इसके साथ ही अन्य हिंसात्मक घटनाओं, प्राकृतिक अपराधों और अन्य त्रासदियों के लिए भी, उनमें हुए जान-माल के नुकसान के लिए भी ट्रस्ट कार्य करता रहेगा। फिलहाल विदेशी दान पाने

के लिए प्रशासन का अनुमोदन पाने हेतु आवेदन दिए जा रहे हैं, जिनसे जल्द से जल्द राहत कार्यों में मदद की जा सके।

अब सर डोराबजी टाटा ट्रस्ट, सर रतन टाटा ट्रस्ट, आई.एच.सी.एल. के अलावा ताज जन कल्याण ट्रस्ट भी जनता की मदद के लिए तैयार हैं। इस ट्रस्ट के दल में रतन टाटा, ए.पी. गोयल, एन.ए. सूनावाला, ए मुखर्जी, आर.एन. बिकसन और आर के कृष्ण कुमार शामिल हैं।

❑

# 28

# आतंक से लड़ने के साधनों की योजना

टाटा संस के चेयरमैन व ताज होटल के मालिक, रतन टाटा ने कहा कि वह स्वंय ही आतंकवाद के खिलाफ लड़ने, जनता एवं सम्पदा को बचाने के लिए साधन तैयार करने की योजना बना रहे हें। उन्होंने कहा कि मुंबई में हुए हालिया हमले से लड़ने के लिए पुलिस पर्याप्त साधनों से लैस नहीं थी।

टाटा ने कहा–'यह आपको मानना ही होगा कि आप केवल घटित होने के बाद ही प्रतिक्रिया नहीं दे सकते। हमें, आपको एक निवारक की खोज करनी होगी। वह बुद्धि कौशल और अच्छी व उपयोगी सूचना से प्रारंभ होता है। अब योजनाओं को सुदृढ़ रूप प्रदान करना है। सबसे पहले तो सुरक्षा एयरपोर्ट पर बढ़ानी होगी। सभी रास्तों को बंद करना होगा। हम सभी जानते हैं कि वहां क्या होता है। हमें अत्यधिक साधनों और यंत्रों की आवश्यकता है।'

उन्होंने कहा कि ताज होटल में जब बंदूकें चलाई जा रही थीं, तब वहां आतंकवादियों के गिरोह का युद्ध चल रहा था और स्थानीय पुलिस को अकेले ही उनसे लड़ना था।

टाटा ने बताया–'ताज में सबसे पहले तीन पुलिस वाले आए। वे उनका समाना कर पाने में तकनीकी दृष्टि से लैस थे। उनमें से एक मारा गया, दूसरा बुरी तरह घायल हो गया। केवल एक ही शेष बचा था। वहां कमांडो, नेवी कई घंटों बाद पहुंची। इसीलिए वहां समन्वय न हो सका और आराम से आतंकवादी प्रवेश कर सके थे।'

टाटा के अनुसार नेतृत्व करने वाले को पहले यह जानकारी होनी चाहिए कि क्या करना है। अग्नि विभाग को क्या करना है, यह पता ही नहीं था। कमांडो देरी से पहुंची। पुलिस तकनीकी कमी के कारण सामना कर पाने में सफल नहीं हो पा रही थी। उन्हें बल सही रूप में नहीं मिल पा रहा था। वहां एक अधिकारी का नेतृत्व करना आवश्यक था, पर वहां ऐसा नहीं था।

टाटा ने कहा–'हमने निश्चय किया है आतंकवाद के खिलाफ लड़ने, अपनी संम्पदा और अपने लोगों को बचाने के लिए स्वयं ही निवारक तैयार करेंगे। हम कोई नायक तैयार नहीं करेंगे। हम उनको हराने के लिए कई अन्य कार्य करेंगे। हम बाहरी लोगों की राय भी लेंगे।

जहां एक ओर सन 2007 टाटा समूह के लिए वैश्विक स्तर पर उसके अर्जन व प्राप्ति के लिए अखबार की सुर्खियों में छाया रहा वहीं दूसरी ओर सन 2008 में टाटा समूह इस तरह के दर्दनाक हादसों के कारण अपने सफलता के रास्तों में अवरोधों से गुज़रता नज़र आया। परन्तु रतन टाटा आशावादी दृष्टिकोण रखते हुए कहते हैं कि आर्थिक रूप से हम आज भी सक्षम हैं। हमे अपने अर्थ को और सुदृढ़ करना है।

रतन टाटा ने कहा–'आज हम वित्त क्षेत्र में पिछड़ रहे हैं। यह काफी उठा-पटक का दौर है। आज कारोबार में माँग कम हो गई है। चारों ओर नकारात्मता आ रही है। सरकार को उपभोक्ताओं कें विश्वास जज्बा बढ़ाने के लिए ठोस कदम उठाने होंगे। उन्हें आशन्वित बनाना होगा कि अर्थव्यवस्था में सुधार अवश्य होगा।'

❑

# 29

# रतन टाटा : भारत के ओबामा

इस विपत्तिजनक (कष्टदायक) परिस्थितियों के दौर में भारत का ओबामा कौन हो सकता है। जो देश को एकता की डोर से बाँधकर आगे लेकर जाए? अमेरिका की व्यापारिक पत्रिका 'फोर्ब्स' के अनुसार ऐसें शख्स केवल औद्योगिक जगत के नेता रतन टाटा है।

फोर्ब्स ने अपनी एक रिपोर्ट में कहा–

'वैसे तो ताज पर हालिया हुए हमलों के बाद सम्पूर्ण विश्व की सहानुभूति भारत के साथ है, परन्तु भारत को भी एक ओबामा जैसे नेता की आवश्यकता है। एक ऐसा नेता जिसके निजी इतिहास में देश के सिद्धांतों का सारांश प्रस्तुत हो, जो कष्टदायक परिस्थितियों में देश को एकबद्ध करके आगे ले जा सके। अब भारत के पास सही निर्णय लेने का मौका है, परन्तु इस देश को एक मजबूतं और विश्वसनीय नेता की आवश्यकता है।'

फोर्ब्स पत्रिका के वरिष्ठ संपादक (एशिया) रोबिन मेरेडिथ, के अनुसार–अमेरिकी नागरिक होने के कारण मुझे भारत में मतदान देने का हक नहीं है। परन्तु यदि मुझे यह अवसर मिलता, तो मेरा मत रतन टाटा के पक्ष में होता।'

मेरेडिथ ने ऑनलाइन के साप्ताहिक लेख में लिखा–'वह राजनेता नहीं है, लेकिन वह देश के अत्यंत सम्माजनक व्यापारिक नेता हैं। जिस ताज होटल पर हाल ही में आतंकवादी हमला हुआ, वह टाटा समूह का ही है। परन्तु फिर भी उनका परिवार भारत के अपने इतिहास पर गर्व करते हुए मजबूती से खड़ा है।'

जब एक प्रश्न में टाटा को भारत सरकार के उच्च पद पर बैठाने के बारे में पूछा गया, तो सूचना के मुताबिक भारत को एक चोट खाये देश के रूप में बताया गया, जिसे टाटा की सूक्ष्म बुद्धि और रचनात्मक देश–भक्ति अधिक लाभ पहुंचा सकती है।

मेरेडिथ ने भी कहा–'केवल टाटा की सूक्ष्म बुद्धि, सूक्ष्म दृष्टि, प्रबंधनात्मक कौशल और रचनात्मक देश-भक्ति चोटिल भारत को मरहम लगा सकती है।' यदि भारत अमेरिका के प्रस्ताव को स्वीकार करके मेढ़क की तरह उछाल मारता है, तो पत्रिका के अनुसार यह राजनैतिक छलांग भारत की तकनीकी छलांग जितनी ही सफल होगी।

मुंबई के जिस ताज होटल पर आंतकवादी हमला हुआ, वह होटल जमशेदजी टाटा का स्वप्न था। यह होटल बनाने का विचार उनके मन में एक ब्रिटिश होटल के उनके सफेद नस्लीय न होने के कारण प्रवेश वर्जित करने पर आया। गेटवे ऑफ इंडिया से भी पूर्व इस होटल का निर्माण हुआ था। रिपोर्ट के अनुसार–'यह भारत का सर्वप्रथम राजशाही होटल था, जो करीब शताब्दी पूर्व बना था। इसलिए हमले की प्रतिध्वनि आज भी प्रबलता से गूंज रही है। स्वतंत्र भारत की पहचान के रूप में ताज होटल संपूर्ण विश्व में अपनी सफलता और प्रतिष्ठा के कारण सराहा जाता है।

पत्रिका में लिखा है–'भारत ऐसे दोराहे पर है, जहाँ से वहाँ या तो पुरानी यादों से जुड़ते हुए हिंदू मुस्लिम दुश्मन पनप सकते हैं या फिर आशावादी दृष्टिकोण अपनाते हुए हिंदू-मुस्लिम एक होकर एक नये भविष्य का निर्माण कर सकते हैं।

❑

# 30

# पुरस्कार एवं उपलब्धियां

भारत की 58वें गणतंत्र दिवस (26 जनवरी-2000) के सुअवसर पर रतन टाटा को पद्म भूषण से सम्मानित किया गया। 26 जनवरी, 2008 को उन्हें भारत के दूसरे सबसे बड़े नागरिक पुरस्कार, पद्म भूषण, से नवाज़ा गया। उन्हें 14 जनवरी, 2008 को मुंबई में नेसकॉम ग्लोबल लीडरशिप एवॉर्ड (वैश्वक नेतृत्व पुरस्कार)-2008 में मिला। रतन टाटा ने टाटा परिवार के प्रतिनिधि के रूप में वर्ष 2007 में मानवकल्याण हेतु कारनी जी मेडल ग्रहण किया।

रतन टाटा भारत के विभिन्न संस्थानों के उच्च पदों पर आसीन हैं। वह प्रधानमंत्री की समिति में उद्योग एवं व्यापार मंत्रालय में सदस्य रहें हैं। मार्च, 2006 में कॉरनेल विश्वविद्यालय ने टाटा को अर्थशास्त्र में 26वां रॉबर्ट एस हैटफील्ड फैलो की उपाधि से नवाज़ा। एक व्यक्तित्व को कार्पोरेट जगत से भिन्नता प्रदाम करता यह सम्मान विश्वविद्यालयों द्वारा दिया जाने वाला सबसे बड़ा सम्मान है।

रतन टाटा विदेशी सम्मिलनों में से मित्सुबिशी संगठन, अमेरिकन अंतर्राष्ट्रीय समुदाय, जे.पी.मोरगन चेज़ एवं बूज एलेन हैमिल्टन के अंतर्राष्ट्रीय निर्णायक दल में शामिल हैं। टाटा कॉरनेल विश्वविद्यालय एवं दक्षिण कैलिफोर्निया विश्वविद्यालय के रैन्ड कॉरपोरेशन के ट्रस्टीज़ के दल के सदस्य हैं। वह गणतंत्र दक्षिण अफ्रीका के अंतर्राष्ट्रीय निवेशक समिति के दल में भी सदस्य हैं। वह न्यूयॉर्क स्टॉक एक्सचेंज़ के एशिया पेसिफिक एडवाइजरी कमेटी के सदस्य भी हैं। टाटा ईस्ट-वेस्ट सेंटर के सरकारी दल में भी शामिल हैं। वह एशिया पेसिफिक पॉलिसी के रैंड्स सेंटर के निर्णायक दल में भी शामिल हैं। रतन किल एंड मेलिंडा गेट्स फॉउडेशन के भारत एड्स इनिशिएटिव के प्रोग्राम दल में शामिल हैं। रतन टाटा को चीन के झजिआंग प्रान्त में हांगजॉड शहर के अवैतानिक अर्थशास्त्रीय सलाहकार का शीर्षक प्रदान किया गया।

हाल ही में रतन टाटा ने भारतीय तकनीकी संस्थान, खड्गपुर एवं लंदन

स्कूल ऑफ इकॉनोमिक्स से ऑनोररी डॉक्टरेट की उपाधि हासिल की है। नवम्बर, 2007 में फॉरच्यून मैगजीन ने उन्हें व्यापार जगत के पच्चीस प्रबल दावेदारों में शामिल किया। टाटा मई, 2008 में टाइम मैग्जीन, 2008 के विश्व के सौ प्रेरणादायक लोगों की सूची में शामिल हैं। जब टाटा ने अपनी छोटी-सी कार 'लखटकिया नैनो' बाज़ार में उतारने का ऐलान किया, तब संपूर्ण विश्व में उनका पुरज़ोर अभिवादन किया गया।

29 अगस्त, 2008 को सिंगापुर की सरकार ने रतन टाटा को अवैतनिक नागरिकता प्रदान की। यह उनके सिंगापुर एवं भारत के बीच व्यापारिक संबंधों को मधुर बनाने के लिए एंव सिंगापुर में बढ़ रहे व्यापार एवं नई नकनीकों के लिए प्राप्त हुआ। रतन टाटा इस सम्मान को पाने वाले पहले भारतीय हैं।

26 नवम्बर, 2008 को मुंबई में हुए आतंकवादी हमले के पश्चात फोर्ब्स पत्रिका ने रतन टाटा को राजनीति में प्रवेश करने की राय दी। फोर्ब्स ने टाटा को भारत का सर्वाधिक सम्मानित व्यावसायिक नेता घोषित किया।

❑

**31**

# सर रतन टाटा ट्रस्ट

जमशेदजी टाटा, टाटा साम्राज्य के संस्थापक थे। वह सही मायनों में राष्ट्रवादी थे। यह उनकी दूरदृष्टि का ही परिणाम था कि उन्होंने भारत में औद्योगिक क्रांति की महत्ता को पहले ही जान लिया। उनके भीतर भारत को विश्व के शीर्ष औद्योगिक देशों की सूची में शामिल करने की दृढ़ इच्छा थी। सर रतन टाटा का जन्म 20 जनवरी, 1871 को हुआ था। वे जमशेदजी टाटा के छोटे सुपुत्र थे। उनकी शिक्षा बॉम्बे के सैन्ट जेवियर्स कॉलेज से हुई थी।

सर रतन टाटा, टाटा समूह की कई कम्पनियों के निदेशक थे। सन 1904 में उनके पिता जमशेदजी टाटा का स्वर्गवास हो गया। तत्पश्चात सर रतन टाटा एवं उनके बड़े भाई सर डोराबजी टाटा ने अपने पिता के कारोबार को राष्ट्रीय दृष्टिकोण प्रदान कर नए आयाम पर पहुंचाया। अपने पिता की प्रेरणा के अनुसार ही इन दोनों भाइयों का मानना था कि इस प्रकार वे भारत के औद्योगिक विकास में योगदान देकर राष्ट्रीय हित में कार्य कर रहे हैं। भारत की जनता ने टाटा लौह एवं इस्पात कम्पनी लिमिटेड तीन हाइड्रो कम्पनियाँ एंव चार टेक्सटाइल मिल्स को भारत के औद्योगिक विकास की दृष्टि से सर्वोत्तम माना।

सर रतन टाटा अत्यंत दयालु एवं उदार व्यक्तित्व के इंसान थे। वह हमेशा दूसरों की मदद के लिए तत्पर रहते थे। जहां एक ओर वह भारतीय परिवेश में बंधे सच्चे भारतीय थे, वहीं दूसरी ओर वह खुले विचारों वाले एक संतुलित व्यक्ति थे।

दान का सही मायनों में अर्थ अपना बहुमूल्य समय एवं अर्थ (रुपया) के साथ अपनी मेहनत लगाना भी है। उन्होंने अपने छोटे से जीवनकाल में दानशीलता के कई प्रमाण प्रस्तुत किए हैं। यदि उनकी दानराशि एवं स्थायी निधि पर नज़र डालें, तो हम पाते हैं कि उन्होंने विभिन्न प्रमुख कारणों एवं नीतियों के लिए अर्पण किया।

## भारतीय समाज के सेवक

गोपाल कृष्ण गोखले ने सन 1905 में भाईचारे की स्थापना पूना में की। भारत को पूर्णतः स्वतंत्र बनाने हेतु ऐसे बुद्धिमान एवं स्वरहित मजदूरों एवं सेवकों की आवश्यकता है, जो अपने देश के लिए अपने प्राणों का बलिदान देने से भी न कतराएं। ऐसा गोखले का कथन था।

सर रतन टाटा के गोखले जी से निजी संबध थे। इसलिए उन्होंने समाज के कमज़ोर वर्ग के हित के लिए 10,000 रु. की धनराशि दान दी। सर रतन टाटा का यह उपहार दान के रूप में शुरूआत मात्र था।

## महात्मा गांधी एवं दक्षिण अफ्रीका

जब महात्मा गांधी दक्षिण अफ्रीका में बैरिस्टर की शिक्षा ग्रहण कर रहे थे, तब उन्होंने एशियाई लोगों की दुखद स्थिति एवं भारतीयों पर हुई नस्लीय टिप्पणी को देखते हुए अंग्रेज़ों की शासन पद्धति के खिलाफ असहयोग आंदोलन चलाया।

उस दौरान भारत में मुद्रा सहायता सबसे बड़ी ज़रूरत थी। सर रतन टाटा ने गोपाल कृष्ण गोखले की प्रार्थना स्वीकार कर उदारतापूर्वक धन दान दिया। टाटा ने सन 1909 से लेकर सन 1913 के बीच 1.25 लाख की कुल राशि गांधीजी को दक्षिण अफ्रीका में भारतीयों के हक के लिए लड़ने को दिए।

सर रतन टाटा की इस उदारता से अभिभूत होकर महात्मा गांधी ने लिखा था–

'रतनजी जमशेदजी टाटा के उदारता पूर्वक दिए इस उपहार से यह प्रकट हो रहा है कि सम्पूर्ण भारत उत्तेजित हो रहा है। उन्होंने 25,000 की बड़ी धनराशि दान कर हमारे आंदोलन को प्रबल वेग प्रदान किया है। अन्य भारतीयों द्वारा उनका अनुसरण होना तय है। पारसी समुदाय सम्पूर्ण विश्व मे अपने उदार उपहारों के लिए प्रख्यात है। रतन टाटा इस उदारता पर सही मायनों में खरे उतरे हैं।

## सर रतन टाटा संस्थान की स्थापना राजनीतिक विज्ञान एवं अर्थशास्त्र के लंदन विद्यालय में

सन 1912 में सर रतन टाटा ने लंदन विश्वविद्यालय को गरीबी के कारण हटाने एवं राहत कार्यों के लिए शोध करने हेतु धन दिया। तब प्रधानाचार्य सर विलियम मीरा ने प्रोफेसर एल.टी. एवं प्रोफेसर डरविक के साथ मिलकर एक योजना तैयार की। इसके पश्चात सन 1913 में सर रतन टाटा ने इस योजना को मंजूरी देकर एक समिति बनाई।

इस संस्थान की स्थापना हेतु सर रतन टाटा तीन वर्षों के लिए 1400 पाउंड सालाना देते थे। सन 1916 में यह अवधि बढ़ाकर पंचवर्षीय हो गई। सन 1919 में उनकी मृत्यु के पश्चात सर रतन टाटा ट्रस्ट के ट्रस्टी ने सन 1931 तक इस योजना एवं दान को जारी रखा।

इन उन्नीस वर्षों में (विभिन्न स्कॉलर्स एवं छात्रों) लंदन विश्वविद्यालय एवं लंदन स्कूल ऑफ इकोनोमिक्स के विभिन्न स्कॉलर्स एवं छात्रों ने मजदूरों एवं गरीबों की स्थिति पर शोध कार्य किए तथा उन्हें मुद्रण केन्द्रों में छपवाया। आज लंदन स्कूल ऑफ इकोनोमिक्स में सर रतन टाटा फाउंडेशन एक स्थायी संस्थान है।

## पटना के पाटलीपुत्र में ऐतिहासिक वस्तुओं की खुदाई

सन 1912 के करीब सर रतन टाटा ने उस समय बिहार और उड़ीसा राज्य के लेफिनेंट गर्वनर सर हरकोर्ट बटलर से इच्छा जताई कि वे भारत सरकार के पुरातत्व विभाग द्वारा की जाने वाली खुदाई का चार्ज उठाए जिनसे प्राप्त खजाने को संग्रहालय में सुरक्षित रखा जा सके।

सन 1913 से 1917 के बीच 75,000 रु. की जमाराशि दान दी। खुदाई में टेराकोटा, प्लेक्स एवं सिक्के मिले, जो आज भी संग्रहित है। पटना में सम्राट अशोक के महल के खंभे वाले हॉल की खोज भी इस संग्रहालय में मौजूद है।

## सर रतन टाटा कला संग्रह

सर रतन टाटा कला एवं संस्कृति के प्रेमी एवं प्रशंसक थे। वह एक कुशल यात्री थे। वह भारत में कला, हस्तलेखा, चित्रकला एवं भारतीय शॉल तथा बंदूक, तलवार तथा कटार इत्यादि की खोज की।

उन्होंने पेरिस से विभिन्न प्रकार, आकृति एवं रंगों के मरियल घोड़े खरीदे। उन्होंने इंग्लैंड के ट्विकेनहम में राजशाही महल खरीदा। यह महल फ्रेंच स्टाइल में लाल ईंटों से बना हुआ है। सर रतन टाटा एवं लेडी टांटा के इस महल का नाम 'यार्क-हाउस' था। उनकी पूंजी का यह हिस्सा साम्राज्य का यथार्थ खजाना है।

अपनी ओरिंयट की यात्रा के दौरान उन्होंने हाथी के दांत से बने चीनी एवं जापानी आभूषण खरीदे। उन्होंने ने आभूषण एवं दीवार पर लटकाने योग्य वस्तुएं सन 1919 में करीब 5 लाख रुपये में खरीदी थीं। सर रतन की वसीयत के अनुसार सन 1921 में यह बॉम्बे के प्रिंस ऑफ वेल्स म्यूज़ियम को दे दी

गई। इस संग्रहालय में आज भी मौजूद यह वस्तुएं रतन टाटा के कुशल कला प्रेमी होने का प्रमाण प्रस्तुत करते हैं।

यह उनके जीवन काल के दौरान के कुछ दान पुण्य थे। उन्होंने बाढ़, भूकंप, आग, अकाल तथा जन-समारकों, अस्पतालों, विद्यालयों एवं जनहित और सामाजिक कल्याण हेतु भी खूब दान किया था।

उन्होंने अपनी पूंजी का बहुतेरा हिस्सा चैरिटेबल ट्रस्ट को दान दिया। उन्होंने सन 1913 की अपनी वसीयत में ट्रस्ट चलाने वालों के लिए निर्देश लिखे थे, जिसमें शिक्षा एवं उद्योग को वरीयता दी गई थी। इसके साथ ही उन्होंने अपने धन का सही प्रकार से उपयोग हेतु वसीयत में निर्देश दिए।

फंड द्वारा दी जाने वाली इस सहायता को सार्वजनिक तौर पर उजागर रखा जाता रहा है। ट्रस्टी लोगों द्वारा समय-समय पर इसका अवलोकन भी करवाया जाता रहा है। कर्मचारियों द्वारा इस सहायता की धनराशि की योजनाएं पूरे ध्यान से बनाई जाती थीं।

सर रतन टाटा को सन 1916 में जुलाई के माह में भयंकर बीमारी ने घेर लिया। चिकित्सक के निर्देशानुसार उन्हें अक्टूबर, 1916 में इलाज के लिए इंग्लैंड भेज दिया गया। काफी इलाज के पश्चात भी उनकी स्थिति में लगातार गिरावट होती चली गई। लंबी बीमारी के पश्चात 5 सितम्बर, 1918 में कॉर्नवॉल के सेन्ट आइविस में उनका देहांत हो गया।

सर रतन टाटा ट्रस्ट की स्थापना सन 1919 में हुई थी। आज यह भारत के पुराने संस्थानों में से एक है।

❑

# 32

# सर डोराबजी टाटा ट्रस्ट

सर डोराबजी टाटा ट्रस्ट भारत का बहुत पुराना मानव-कल्याणकारी ट्रस्ट है। आज इस ट्रस्ट को 75 साल हो चुके हैं। इस ट्रस्ट की खासियत यह रही है कि इसमें हमेशा काम करने वाले कर्मचारियों को वरीयता दी जाती है।

सर डोराबजी टाटा ट्रस्ट जमशेदजी टाटा के पुत्र सर डोराबजी ने सन 1932 में बनवाया था। इस वर्ष इस ट्रस्ट ने 75वीं वर्ष गांठ मनाई है। यह एक सम्मानित एवं पुराना संस्थान है। सर डोराबजी ने अपनी मृत्यु के पूर्व अपनी पूरी संपत्ति ट्रस्ट को दान दे दी। उनकी संपत्ति में एक करोड़ रुपये, 245-कैरेट जुबली हीरा एवं टाटा संस के संपत्ति के अंश भी ट्रस्ट को दान दे दिए।

आज के इस मौजूदा दौर में सर डोराबजी टाटा ट्रस्ट, सर रतन टाटा ट्रस्ट एवं अन्य ट्रस्ट मिलाकर ये सभी टाटा संस का 65.8 प्रतिशत हिस्सा अपने नाम कर चुके हैं।

सर डोराबजी का यह ट्रस्ट भारत की जनता के लिए आशा की किरण बनकर उभरा। इस ट्रस्ट के सचिव सरोश एन बाटलीवाला के कथनानुसार–

''इस ट्रस्ट ने संस्थापक की कल्पना अनुसार उनकी दूर दृष्टि को आगे बढ़ाया है एवं देश के विकास में प्रगतिशाली भूमिका अदा की है।''

ट्रस्ट द्वारा आरंभ से लेकर 2005-06 तक दिया गया कुल वेतन 379. 81 करोड़ रुपये था। वर्ष 2005-06 में यह संख्या 76.2 करोड़ रुपये हो गई। यह एक तरह से रचनात्मक परोपकार था। जमशेदजी ने कहा था कि एक भूखे व्यक्ति के हाथ में मछली देने से बेहतर मछली पकड़ने का डंडा देना है। कहा जा सकता है कि अपनी इसी शैली के कारण यह ट्रस्ट सफलता के शीर्ष पर पहुंच पाया।

इस ट्रस्ट ने मार्ग दर्शक की भूमिका भी कुशलतापूर्वक निभाई है। आज भी कई संस्थानों की स्थापना करके भारत के विकास में योगदान दे रहे हैं। इस सूची में शामिल संस्थान इस प्रकार हैं :-टाटा सामाजिक विज्ञान संस्थान

(1936), टाटा मेमोरियल अस्पताल (1941), टाटा मौलिक शोध संस्थान (1945), नेशनल सेंटर फॉर परफॉरमिंग आर्ट्स (1966), नेशनल इंसीट्यूट ऑफ एडवांस्ड स्टडीज़ (1988), जे.आर.डी.टाटा इकोटेक्नोलॉजी सेंटर (1996), सर डोराबजी टाटा सेंटर फॉर रिसर्च इन ट्रापीकल डिज़ीज़ (1994), टिस स्कूल ऑफ रुरल डेवलेपमेंट एट तुलजापुर (2004) एवं टाटा चिकित्सालय केन्द्र, कोलकाता।

सर डोराबजी टाटा ट्रस्ट ने न सिर्फ शिक्षा, चिकित्सा इत्यादि के क्षेत्र में ही कार्य किया, अपितु प्राकृतिक आपदाओं से बचाव हेतु एवं सामाजिक विकास हेतु भी संपूर्ण योगदान दिया है। रूस्सी लाला, ट्रस्ट के पूर्व निदेशक ने अपनी पुस्तक 'द हार्ट बीट ऑफ ए ट्रस्ट' में लिखा था–"एक पुरुष अपने लिए चश्मा नहीं खरीद पा रहा था, उसे चश्मे के बिना दिखाई भी नहीं दे रहा था, तो ट्रस्ट ने अब तक की सबसे छोटी धनराशि 125 रु. दान में उसे दी।"

इस दान की प्रक्रिया पर काफी सतर्कता से कार्य किया जाता है। व्यक्ति की आवश्यकताओं को एवं उसमें यथार्थता को जांचकर ही दान देने जैसा कदम उठाया जाता है। यह कार्य कुछ ऐसा है जैसे घास में से सुई ढूंढना। ऐसी सुई जो लोगों को समुदाय से जोड़कर उसे सिलती है, वह समुदाय देश को बुनता है। तब जाकर एक खूबसूरत कपड़ा तैयार होता है।

डोराबजी टाटा ट्रस्ट धनराशि देने के पश्चात उन संस्थानों एवं व्यक्तिगत कार्यों में हस्तक्षेप नहीं करता। जब भी इन संस्थानों को ट्रस्ट से सहायता प्राप्त करनी होती है, तब ट्रस्ट उनकी मदद के लिए आगे आता है।

कुछ वर्षों पहले ट्रस्ट अपने अंतर्ज्ञान के तहत कार्य करता था। परन्तु अब आधुनिक तकनीकों के साथ-साथ योजना, व्यूह-रचना एवं प्रक्रियाओं के तहत कार्यों को अंजाम दिया जाता है।

भारत के लोगों की बदलती जीवन शैली सकारात्मक रूप ले रही है, ऐसा देखकर सर डोराबजी टाटा ट्रस्ट के कर्मचारियों को काम करने की गहरी प्रेरणा मिलती है। ट्रस्ट के इसी गुण के कारण इसके मुंबई के दफ्तर में पत्रों एवं ईमेल का तांता लगा रहता है। इस वर्ष भले ही यह ट्रस्ट अपनी 75वीं वर्षगांठ बना रहा हो, परन्तु आज भी ट्रस्ट अपनी प्रसिद्धि को तूल न देकर अपनी कार्यशैली को महत्व देता है। कभी-कभी ट्रस्ट को दिल तोड़ने वाले निर्णय भी लेने पड़ते हैं। आज परोपकार का यह तरीका टाटा घराने का वंशानुगत अंग बन चुका है। यह सभी चीज़ें सर डोराबजी टाटा ट्रस्ट के गुणों का बखान कर उनकी अच्छाई का बखान करती है।

❑

# 33

# नैनो

नैनो कार इस वर्ष यानी मार्च 2009 में जारी की गई। कुछ अफवाहों के मुताबिक टाटा मोटर्स नैनो को रतन टाटा के जन्म दिन पर लॉन्च करने की सोच रहे थे, परन्तु ऐसा न हो सका। शुरुआती दौर में 4000 नैनो प्रति माह लॉन्च की जाएगी, उसके बाद कार की अनवरत पूर्ति जारी रहेगी।

सिंगुर विवाद से उत्पन्न हुई परिस्थितियों के बाद टाटा मोटर्स फूंक-फूंक कर कदम उठा रहे हैं। इसलिए जनता के लिए बनी इस कार को बाजार में उतरने में काफी वक्त लगा।

टाटा मोटर्स की योजना अगले पांच वर्षों में करीब 10 लाख कार बेचने की है। इसी कारण टाटा मोटर्स कार बनाने के लिए स्थानों की तलाश कर रही है। कम्पनी उत्तराखण्ड में नैनो के लिए छोटा उपकरण लगाने पर विचार कर रही है। इसके लिए उत्तराखंड की सरकार से बातचीत जारी है। एक सूचना के अनुसार पंतनगर में टाटा ऐस के छोटे ट्रक और नैनो का एकबद्ध उपकरण लगाने के लिए 11,00 एकड़ जमीन की तलाश चल रही है। एक रिपोर्ट के मुताबिक टाटा की नैनो का निर्माण उत्तराखंड के पंतनगर में शुरू हो चुका है। इस उपकरण से 50,000 इकाई प्रति वर्ष बनाने की योजना है।

## नैनो की जांच

टाटा की नैनो को पहली बार चमोली जिले के गोपेश्वर के पहाड़ी इलाके में चलाया गया। गोपेश्वर में रहने वाले लोगों ने सड़क किनारे खड़ी इस लखटकिया नैनो की झलक देखी थी।

टाटा नैनो को बाज़ार में उतारने से पहले पहाड़ी इलाके में चलाकर देखा गया। पंतनगर से यह कार गढ़वाल के हिमालय वाले क्षेत्र से होते हुए वापसी की राह में गोपेश्वर से गुजरी थी।

अपनी इस पहली यात्रा के दौरान टाटा नैनो ने पहाड़ों पर 17-20 किलोमीटर

प्रति लीटर का माइलेज दिया। टाटा मोटर्स के इन्जीनियरों के मुताबिक उन्होंने नैनो को पूना एवं उत्तराखंड के पहाड़ों पर चलाकर जांच की है।

टाटा मोटर्स ने कहा कि वे नैनो को पहले-पहल बी-क्लास शहरों बेचेंगे। आज वहां के उपभोक्ताओं को इसकी ज़रूरत है। इसलिए नैनो को खराब सड़कों एवं पहाड़ी भू-स्थलों पर चलाकर देखा जा रहा है।

टाटा मोटर्स ने टाटा नैनो को मार्च 2009 में जारी किया। उत्तराखंड सरकार से नैनो के लॉन्च करने के लिए बातचीत जारी है। टाटा मोटर्स के ऐस ट्रंक इस राज्य के पंतनगर से निर्मित किए जा रहे हैं।

टाटा मोटर्स पंतनगर में नैनो के स्थायी निर्माण की योजना बना रही है। रिपोर्ट के मुताबिक राज्य सरकार भी नैनो उपकरण पंतनगर में लगाने के लिए टाटा मोटर्स को लुभा रही है।

फिलहाल टाटा मोटर्स का नैनो उपकरण गुजरात के सनन्द शहर में स्थित है। वहीं से नैनो का निर्माण हो रहा है। गुजरात के मुख्यमंत्री नरेन्द्र मोदी ने टाटा के इस स्वप्न को यथार्थ रूप देने का भरसक प्रयास किया एवं सिंगुर की असफलता के बाद सफलता भी दिलाई।

अब तक काफी कम लोगों को नैनो की 'टेस्ट ड्राइव' का सुअवसर प्राप्त हुआ है। परन्तु बहुसंख्यक लोगों ने नैनो को मुंबई-पूना के एक्सप्रेस-वे पर चलते हुए देखा है।

यू.के.की कार संबधी एक पत्रिका ने अपनी पत्रिका में नैनो की काफी प्रशंसा की। वे इतनी छोटी एवं सस्ती-टिकाऊ कार को इतने सुविधाजनक रूप में देखकर प्रभावित हुए बिना नहीं रह सके।

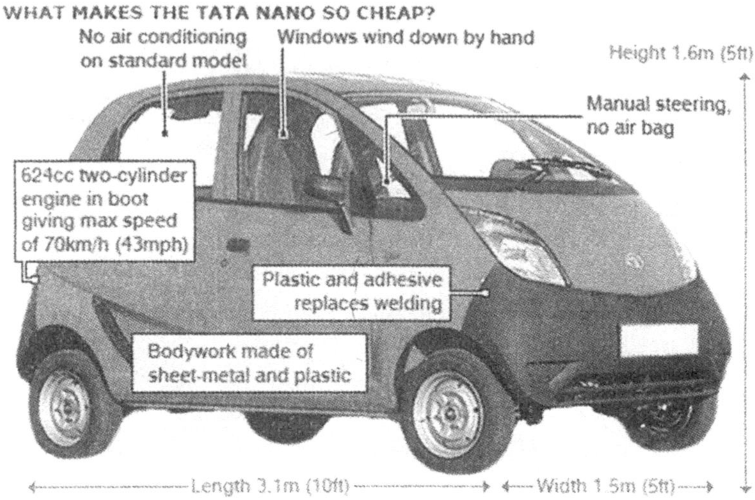


## टाटा नैनो की बुकिंग

- टाटा नैनो को अंततः 3 मार्च, 2009 को बाजार में पेश किया।
- इस प्रकार कार की बुकिंग फरवरी माह के अंत से प्रारम्भ हुई। आपको नैनो को अपने नामदर्ज कराने के लिए 70,000 रु देने पड़ेंगे।
- टाटा नैनो के तीन मॉडल बाजार में उतारे गए हैं। पहला मॉडल 1 लाख रु. का, दूसरा एवं तीसरा मॉडल 1.24 लाख रु. और 1.34 लाख रु. के हैं।
- टाटा मोटर्स के सभी वितरकों तथा स्टेट बैंक ऑफ इंडिया की सभी शाखाओं में नैनो की बुकिंग की जा सकती है।
- स्टेट बैंक ऑफ इंडिया की लगभग 1000 शाखाएं नैनो की बुकिंग करेंगी।
- टाटा को कुछ ही हफ्तों में करीब 7000 करोड़ रुपये इकट्ठे होने की आशा है।

टाटा समुदाय ने टाटा नैनो को कुछ प्रख्यात लोगों को देने की योजना भी बनाई है। इनमें कुछ नाम इस प्रकार हैं :- राष्ट्रपति प्रतिभा पाटिल, प्रधानमंत्री मनमोहन सिंह, कांग्रेस अध्यक्ष सोनिया गांधी, विपक्षीय नेता लाल कृष्ण अडवाणी एवं खिलाड़ी महेन्द्र सिंह धोनी, सचिन तेन्दुलकर और सानिया मिर्जा।

❑

# 34

## टाटा समूह से सम्बधित आवश्यक तथ्य

**मुख्यालय:** बॉम्बे हाउस, 24 होमी मोदी स्ट्रीट, मुंबई, भारत
**स्थापना:** संस्थापक जमशेदजी टाटा द्वारा सन 1868 में टाटा संस की स्थापना हुई।
**संस्थापक कम्पनीज़:** टाटा संस एवं टाटा उद्योग।
**व्यवसाय के क्षेत्र:** संचार एवं सूचना पद्धति, इंजिनीयरिंग, सेवा, ऊर्जा, रासायनिक पदार्थ एवं उपभोक्ता उत्पादन।
**सामुदायिक मालगुजारी:** 62.5 बिलियन डॉलर (251, 543 करोड़ रुपये)
**सामुदायिक लाभ:** 5.4 बिलियन डॉलर (21, 578 करोड़ रुपये)
**अंशधारी आधार-रेखा:** 3.2 करोड़ के आसपास

**कम्पनियों की संख्या:** 96 कार्यरत कम्पनियां, जिनमें से 27 कम्पनियां बॉम्बे स्टॉक एक्सचेंज़ में शामिल
**कर्मचारियों की संख्या:** 3, 50,000
**अंतर्राष्ट्रीय स्तर पर कार्य:** 80 देशों में
**अंतर्राष्ट्रीय मालगुजारी:** 38.3 बिलियन डॉलर (सामुदायिक मालगुज़ारी क 61 प्रतिशत)
**एन.वाई.एस.ई. में:** टाटा मोटर्स एवं टाटा संसार शामिल कम्पनियां

## रतन एन. टाटा, सभापति (चेयरमैन), टाटा संस सामुदायिक संगठित केन्द्र के सदस्य

- एन.ए. सूनावाला, उपसभापति, टाटा संस
- जे.जे ईरानी, निदेशक, टाटा संस
- आर.के. कृष्ण कुमार, निदेशक, टाटा संस
  आर.गोपालाकृष्णन, कार्यकारी निदेशक, टाटा संस
- ईशांत हुसैन, वित्त एवं कार्यकारी निदेशक, टाटा संस
- किशोर चौकर, प्रबंध निदेशक, टाटा इन्डस्ट्रीज़
- अरुण गांधी, कार्यकारी निदेशक, टाटा संस
- एलेन रोसलिंग, कार्यकारी निदेशक, टाटा संस

## नेतृत्व

**टाटा चाय:** विश्व की सबसे बड़ी एकबद्ध चाय कम्पनी है।
**टी.सी.एस:** एशिया की सबसे बड़ी सॉफ्टवेयर निर्यातक कम्पनी।
**टाइटन:** विश्व की पांचवी सबसे बड़ी घड़ी निर्माता कम्पनी।
**टाटा स्टील:** भारत का निजी क्षेत्र में सबसे बड़ा स्टील निर्माता कम्पनी ए विश्व में छठे स्थान पर।
**ताज समुदाय:** भारत के राजशाही पांच-सितारा होटल में सबसे बड़े होटल
**टाटा केमिकल्स:** भारत का सबसे बड़ा सोडा ऐश निर्माता (रासायनिक पदार्थ) एवं विश्व में तीसरे स्थान पर।
टाटा पावर (ऊर्जा) भारत का निजी क्षेत्र में सबसे बड़ा ऊर्जा उपभोग (लाभ

## मार्गदर्शक

- भारतीय स्टील उद्योग की मार्गदर्शक : टाटा स्टील।
- टाटा समुदाय भारत में नागरिक उड्डयन का मार्गदर्शक है।
- टाटा समुदाय ने भारत में बीमा योजना प्रारंभ की।
- टाटा समुदाय ने भारत में प्रथम पावर प्लांट लगाए।

- टाटा समुदाय ने भारत में राजशाही होटल की पहली श्रृंखला आरंभ की
- टाटा समुदाय ने भारत में सॉफ्टवेयर विकास हेतु कई प्रयत्न किए।
- टाटा समुदाय ने भारत में पहली यात्री कार 'इंडिका का निर्माण किया।
- टाटा समुदाय ने मज़दूर कल्याण हेतु कई सुविधाए उपलब्ध करवाई। ग्रेज्यूटी, प्रोविडेंट फंड इत्यादि जैसे कानून बनने से पूर्व ही ये सुविधाएं मुहैया कराई गईं।

## समुदाय से वचनबद्धता तक

- टाटा समुदाय का मानना है कि टिकाऊ एवं जीवित मूल्यों की रचना ही व्यापार से व्यापार करवा सकता है। अर्थात समाज से पाई हुई वस्तु को वापस समाज को ही समर्पित कर देना चाहिए।
- टाटा समुदाय ने स्टील, ऑटोमोबाइल,पावर, केमिकल इत्यादि जैसे कई कारोबारों में हाथ आजमाकर बुलंदियों तक पहुंचाया है। इस समुदाय ने कई पठन-पाठन विद्यालयों एवं संस्थानों का निर्माण भी किया है। यथा-भारतीय विज्ञान संस्थान, टीआईएफआर, टीआईएसएस इत्यादि।
- टाटा की कम्पनियां स्वास्थ्य, शिक्षा, महिला एंव बाल-विकास, पर्यावरण बचाओ हेतु जैसे कई महत्वपूर्ण मुद्दो पर पूर्ण रूप से कार्यरत है।
- टाटा समुदाय ने सदैव ही कर्मचारियों के कल्याण हेतु पथ-प्रदर्शक के रूप में कार्य किया है। टाटा स्टील ने मातृत्व अवकाश, आठ घंटे का कार्यकाल, प्रॉविडेंट फंड इत्यादि जैसे कानून की शुरुआत की।
- हाल ही के कुछ वर्षों में टाटा कम्पनियों ने विकास को अग्रसर करने के लिए कई योजनाएं एवं कार्यक्रम लागू किये। टीसीएस ने साक्षरता के लिए कार्यक्रम किए, ई-लर्निंग प्रोग्राम भी आरंभ किये गए हैं। टाटा टेलीसर्विसेज़ ने मछुआरों को सूचना तकनीक के लिए मदद प्रारंभ की है।
- टाटा की टी.सी.सी.आई. देश-विदेश में मानव विकास हेतु कार्यरत है।
- टाटा समुदाय ने सामाजिक कल्याण हेतु सन 2006-07 में 1000 मिलियन डॉलर का योगदान किया।

❑

*सम्पर्क करें-बॉम्बे हाउस*

24, होमी मोदी स्ट्रीट, मुम्बई-400 001 (इंडिया)

दूरभाष: +91 (22) 6665 8282

ईमेल: info@tata.com वेबसाईट: www.tata.com

**अन्य वेबसाईट** • United Kingdom: www.uk.tata.com

• North America: www.northamerica.tata.com

• Africa: www.tataafrica.com • China: www.tatachina.com.cn

# 35

# टाटा समुदाय की विदेशों में प्रमुख सम्पति

टाटा समुदाय ने हाल ही के कुछ वर्षों में विदेशों में प्रमुख सम्पति अर्जित की है जो निम्न प्रकार से प्रस्तुत है :-

- **फरवरी 2000**–टाटा टी लिमिटेड. ने यू.के. की टेटली को 432 करोड़ डॉलर रुपये की कीमत देकर प्राप्त कर लिया। आज यह कम्पनी विश्व की दूसरी सबसे बड़ी पैकेट चाय कम्पनी है।
- **फरवरी 2004**–टाटा मोटर्स ने दक्षिण कोरिया के डेवू समुदाय से 102 करोड़ डॉलर रु. में वाणिज्यिक सवारी खरीदने का सौदा तय किया।
- **अगस्त 2004**–टाटा स्टील लिमिटेड ने सिंगापुर की स्टील मिलर कम्पनी नैटस्टील लिमिटेड, को 286 करोड़ डॉलर रु. देकर खरीदा।
- **जून 2005**–टाटा कॉफी ने अमेरिका के ग्राइफोन निवेशकों से एडट ओ क्लॉक कॉफी कम्पनी को 220 करोड़ डॉलर में खरीदा।
- **जुलाई 2005**–विदेश संचार निगम लिमिटेड ने अमेरिका की टेलीग्लोब इंटरनेशनल होल्डिंग्स लिमिटेड को 239 करोड़ डॉलर रुपये में खरीदा। टाइको इंटरनेशनल ग्लोबल से समुद्र के अंदर जाने वाली केबल तारे खरीदीं।
- **अगस्त 2006**–टाटा चाय ने अमेरिका की एनर्जी ब्रैंड इंक को 667 करोड़ डॉलर देकर इसका तीस प्रतिशत खरीद लिया।
- **जनवरी 2007**–टाटा स्टील ने एक एंग्लो-डच स्टील बनाने वाले कोरस समुदाय को 13 बिलियन डॉलर देकर अर्जित कर लिया। यह भारत का अब तक का सबसे बड़ा टेकओवर है।
- **मार्च 2007**–टाटा पावर ने इंडोनेशिया की पी.टी. लूमी रिर्सोसेस कोयला खान को 1.3 बिलियन डॉलर में खरीदा।
- **जनवरी 2008**–टाटा केमिकल्स ने अमेरिका की सोड़ा-ऐश निर्माता कम्पनी जनरल केमिकल इंडस्ट्रीयल प्रोडक्ट्स इन्क को 1.01 बिलियन डॉलर देकर खरीदा।

36

# नैनोः जनता की कार

सम्पूर्ण विश्व की सबसे सस्ती कार 'नैनो' को भारत के शहर मुंबई के जिमखाना क्लब में आखिरकार उतारा जा चुका है। वह दिन रतन टाटा जी के लिए बहुत महत्वपूर्ण दिन था, क्योंकि उस दिन उनका सपना पूरा होने जा रहा था। टाटा मोटर्स के चेयरमैन, रतन टाटा ने कहा–

"नैनो सभी रूढ़िगत अवरोधों को तोड़ने का वर्णन करती है। इसके मॉडल तैयार करने से बाज़ार में उतारने तक, इसके विकास में, निर्माण में कई परेशानियाँ आईं। कई चुनौतियों का सामना करना पड़ा। वह कार जो कल तक दुनिया के लिए असंभव सी थी, आज संभव है। और इसका पूरा श्रेय टाटा मोटर्स की टीम को जाता है। मुझे आशा है कि जिन परिवारों के लिए अब तक गाड़ी खरीदना संभव नहीं था, नैनो उन लोगों को एक सुविधापूर्ण और सुखद यातायात देगी। हमें गर्व है कि हम भारत और संपूर्ण विश्व को टाटा नैनो दे रहे हैं।"

नैनो में दो 624 सीसी के पेट्रोल इंजन लगे हैं जो 33 बी.एच.पी. की ऊर्जा देते हैं। इसमें बॉश का नया मोटर इंजन लगा है जो कम दर पर ज़्यादा काम देता है। इसका ताकतवर इंजन और इससे जुड़ी हुई तकनीकों से कार को 105 कि.मी. प्रति घंटे की रफ्तार मिलती है। साथ ही यह 23.6 कि.मी. प्रति लीटर चलती है।

नैनो की लंबाई 3.1 मीटर, चौड़ाई 1.5 मी. और ऊँचाई 1.6 मी. रखी गई है। इसमें प्रवेश व निकास आसानी से किया जा सकता है। इसके छोटे होने

के कारण भीड़-भाड़ वाली सड़क पर भी जाम से आसानी से निकाला जा सकता है। यह काफी हद तक प्रदूषण कम करने में सक्षम है, क्योंकि इससे 101 ग्राम/से.मी. कॉर्बन डाइऑक्साइड निकलती है, जो अन्य गाड़ियों के मुकाबले बहुत कम है।

सुरक्षा को ध्यान में रखते हुए कार में मजबूत सीटें, सीट बेल्ट, सिकुड़न मंडल, लंगर-स्थल, पीछे के दरवाज़े के मजबूत शीशे, मजबूत दरवाजे लगाए गए हैं।

नैनो के तीन मॉडल बाज़ार में उपलब्ध कराए गए हैं—नैनो स्टैंर्ड (बीएस II और बीएस III), नैनो सी एक्स (बीएस II और बीएस III) और नैनो एल.एक्स (बीएस III)। इनकी कीमत 1 लाख रुपये, 1.24 लाख रुपये और 1.34 लाख रुपये रखी गई है।

नैनो बाहरी तौर पर मारुति 800 से 7.05 प्रतिशत छोटी है परन्तु अंदरूनी तौर पर नैनो में मारुति से 21 प्रतिशत अधिक स्थान है। नैनो पहली कार है जिसमें पेट्रोल इंजन के दो सिलेंडर के साथ एक शैफ्ट संतुलन बनाने के लिए भी मौजूद है।

## नैनो के पीछे किसका हाथ है

रतन टाटा के ख़्वाब को हकीकत का रूप देने वाले टाटा मोटर्स इन्जीनियर समूह के नेता, गिरीश वाघ, से जब भी नैनो की बनावट, रचना, निर्माण के बारे में पूछा जाता है, तो वह इसका सारा श्रेय अपने सहयोगियों को देते हुए कहते हैं- ''टीम वर्क...टीम वर्क...टीम वर्क.....।''

गिरीश वाघ टाटा मोटर्स लिमिटेड. के मुख्य प्रबंधक हैं। उन्होंने ही टाटा नैनो की रचना की योजना की। वह महाराष्ट्र तकनीक संस्थान से मेकेनिकल इंजीनीयरिंग कर चुके हैं। उन्होंने मुंबई के बी-स्कूल एस.पी.जैन इन्स्टीट्यूड ऑफ मेनेजमेंट एंड रिसर्च से परा स्नातक किया है। वह मूलतः पूने के निवासी हैं। टाटा मोटर्स के लिए इससे पहले वह टाटा ऐस मिनी ट्रक बना चुके हैं।

उनकी काबिलीयत से प्रसन्न होकर ही रतन टाटा और रवि कांत ने उन्हें छोटी नैनो को डेडलाइन के भीतर तैयार करने का कार्यभार सौंपा। जब वह

आज से 16 वर्ष पहले टाटा मोटर्स से जुड़े थे, तब उन्होंने सोचा भी नहीं था कि एक दिन उन्हें विश्व की सबसे छोटी कार बनाने का गौरव भी हासिल होगा।

## आखिरकार नैनो आ ही गई सड़क पर

आखिरकार टाटा मोटर्स ने अपना वादा निभाते हुए 1 लाख रुपये की आम जनता के लिए बनाई गई नैनो कार को बाज़ार में उतार ही दिया।

टाटा समूह के चेयरमैन, रतन टाटा, ने कहा—

''अब यह कार शोरूम में भी उपलब्ध है। कार के तीन मॉडल उतारे गए हैं—पहला आम जनता के लिए, अन्य दो उच्च वर्ग के लिए उपलब्ध हैं।''

उच्च श्रेणी में उपलब्ध मॉडल्स वातानुकूलित होने के साथ-साथ पावर ब्रेक, पावर विंडो भी हैं।

टाटा ने यह भी कहा कि उन्होंने वादा किया और उसे निभाकर भी दिखा दिया। उन्होंने कभी भी केवल एक सस्ती कार बनाने के उद्‌देश्य से ऐसा नहीं है, बल्कि वे तो एक ऐसी कार देना चाहते थे जिसे आम जनता भी खरीद सके।

कार की पहली बुकिंग 9, अप्रैल से लेकर 25, अप्रैल, 2009 तक चली। उपयोगी मूल्य बढ़ने के बाद भी नैनो का मूल्य 1 लाख रु. ही रखा गया।

नैनो कार का वितरण जुलाई के पहले पंद्रह दिनों में शुरू होगा। पूरे भारत के 1000 शहरों में 30,000 स्थानों पर नैनो उपलब्ध होगी।

स्टेट बैंक ऑफ इंडिया को भारत के 850 शहरों में बुकिंग का धन एकत्रित करने का कार्यभार सौंपा गया है।

कार की बुकिंग मात्र 2,999 रु. देकर करवाई जा सकती है, बाकी की धनराशि लोन लेकर चुकाई जा सकती है। इसके लिए पंद्रह वित्तकर्त्ता (फाइनेंसेर) भी रखे गए हैं।

प्रारंभ में 50,000-60,000 नैनों कार पंतनगर उपकरण से निर्मित की जाएँगी, जहाँ से ऐस ट्रक का निर्माण भी होता है। इसके बाद नैनो सनंद (गुजरात) के उपकरण से उपलब्ध करवाई जाएँगी।

पहले 1 लाख उपभोक्ताओं के लिए लकी ड्रॉ निकाला जाएगा। उसके बाद बचे हुए उपभोक्ता दोबारा नैनों की बुकिंग करवा सकते हैं।

जिन उपभोक्ताओं को करीब एक साल प्रतीक्षा करनी पड़ती है, उन्हें 8.5 प्रतिशत ब्याज दिया जाएगा, दो साल इन्तजार करने वाले उपभोक्ताओं को 8.75 प्रतिशत ब्याज मिलेगा।

पहले 1 लाख विजेताओं को कोई सूद नहीं मिलेगा। टाटा ने कहा कि जब पश्चिम बंगाल के सिंगूर से उन्हें गुजरात के सनन्द जाना पड़ा, तब पंतनगर से उत्पादन करने के अलावा कोई और रास्ता न था।

## बुकिंग व एलॉटमेंट

नैनो की बुकिंग 9 अप्रैल से प्रारंभ हुई और इसकी वितरण प्रक्रिया जुलाई 2009 से प्रारंभ हो जाएगी। आवेदन-पत्र को किसी भी कीमत पर मुफ्त में नहीं दिया जाएगा। यह फॉर्म नैनो को दर्ज कराने के लिए 300 रु. का रखा गया है।

इन आवेदन-पत्रों को लोन लेने के लिए स्टेट बैंक ऑफ इंडिया को दिया जाएगा। यदि आवेदन अस्वीकृत कर दिया जाता है तो उस रकम को लौटा दिया जाएगा। ब्याज दरों में किसी भी तरह की गिरावट कोई खबर नहीं है। इसमें कोई शक नहीं है कि नैनो के बाज़ार में आने तक बैंक और टाटा काफी मुनाफ़ा कमा चुके होंगे।

टाटा ने कहा कि उन्होंने हमेशा एक सस्ती कार बनाने से अधिक यातायात की कार नामक सुविधा को खरीद सकने, को प्राथमिकता दी है।

मुंबई के शोरूम के मुताबिक टाटा नैनो का मूल्य 1,34,000 से लेकर 1,85,000 रु. रखा गया है।

ऑटो-एक्सपर्ट्स के मुताबिक नैनो की बुकिंग भारी मात्रा में होगी। नैनो को दर्ज कराने की प्रक्रिया इस प्रकार है :-

- नैनो ऑन-लाइन, ऑफ-लाइन दर्ज करवाई जा सकती है।
- बुकिंग फॉर्म, बुकिंग, वर्गीकरण इत्यादि 9 अप्रैल से 25 अप्रैल तक चलेंगे।
- ऑन-लाइन फॉर्म की कीमत 200 रु. है।
- ऑन-लाइन फॉर्म भरने के बाद ऑन-लाइन पेमेंट होगी।
- नेट-बैंकिंग के जरिए आप धनराशि जमा कर सकते हैं।
- आपको आवेदन-पत्र के मूल्य के साथ दर्ज रकम भी जमा करानी होगी।

- वैबसाइट से आपकी धनराशि जमा होने पर एक ट्रांजेक्शन आई.डी. मिलेगी।
- इसके बाद आपको टाटा नैनो वेबसाइट से यूनिक आइडेन्टीफिकेशन नम्बर (यू.आई.एन.) मिलेगा।
- अब आपकी नैनो बुकिंग हो चुकी है। ई-मेल के जरिए आपको एक रसीद मिलेगी, उसका प्रिन्ट-आउट ले लीजिए।

टाटा ने कहा, ''मैं निजी तौर पर बहुत उत्सुक हूँ। ऐन वक्त पर हमने प्लान बी बनाया और मार्च में कार लॉन्च कर दी।''

लोन पर ब्याज दर बैंक ही तय करेंगी। कई बैंक लोन उपलब्ध करवाएंगे जिसमें सार्वजनकि क्षेत्र के बैंक भी शामिल हैं।

सनंद उपकरण का सामर्थ्य 2,50,000 इकाई प्रति वर्ष है, जिसे बढ़ाकर करीब पाँच लाख कर दिया जाएगा।

यूरो II, III, IV के समानांतर ही बी.एस. II, III, IV मॉडल उतारे जाएँगे।

साढ़े चार मीटर की इस कार से दुपहिया वाहन से भी कम कार्बन निकलेगा, इसलिए प्रदूषण भी कम होगा। 624 सी सी की इस कार के तीन रूप बाज़ार में उपलब्ध हैं। इसमें चार आदमी आराम से बैठकर सफर कर सकते हैं। इसके साथ ही यह 26.6 किलोमीटर प्रति लीटर माइलेज देगी।

इस कार का एक स्टैंडर्ड और दो डीलक्स वर्जन भी उपलब्ध हैं जिसमें ए.सी. और पावर विंडो हैं।

रतन टाटा पश्चिमी और पूर्वी यूरोप, यू.के. और यू एम में नैनो के अपग्रेडेंड वर्जन निर्यात करने की तैयारी में हैं। यूरोप में कार का निर्यात सन 2011 में आरंभ हो जाएगा।

## नैनो अंतर्राष्ट्रीय स्तर पर

टाटा ने जिनेवा ऑटो शो में अपनी नैनो परियोजना का सामान्य विचार प्रस्तुत किया। बाज़ार में इस विचार को हाथों-हाथ लिया। अगले दो वर्षों में नैनो यूरोपा बाज़ार में आ जाएगी। यूरोप को खासतौर पर अंतर्राष्ट्रीय जनता को

ध्यान में रखकर बनाया जाएगा। इसमें तीन-सिलेंडर वाले फ्यूल इन्जेक्शन इंजन और 5 स्पीड ऑटोमेटिक गियर बॉक्स लगाए जाएंगे। इसके साथ ही एक इलेक्ट्रिक पावर स्टीयरिंग भी होगा।

इस कार में सुरक्षा के लिए एबीएस और एयर बैग होंगे। यह कार थोड़ी बड़ी भी होगी। यह कार भारतीय नैनो से थोड़ी महंगी होगी। टाटा नैनो यूरोपा को लेकर काफी आशावादी हैं। उनके अनुसार सस्ते कार बाज़ार में यह कार एक मजबूत दावेदार होने के साथ-साथ आरामदायक एवं अच्छा प्रदर्शन करेगी।

नैनो की प्राथमिकता भले ही भारत का बाज़ार है, परन्तु टाटा मोटर्स यूरोप के बाद इसे यू.एस. में उतारकर 1 लाख रु. की कीमत पर दुनिया को आश्चर्यचकित कर देना चाहते हैं।

यूरोपियन नैनो में अमेरिका की प्राथमिकताओं अनुसार बदलाव भी किये जाएँगे। कम्पनी ने जिनेवा मोटर शो में नैनो यूरोपा के मॉडल को पेश किया था। इसमें भारतीय नैनो के इंजन से अधिक शक्तिशाली इंजन लगा है।

भारतीय नैनो में 623 सीसी का इंजन लगा है। अमेरिकी बाज़ार की कुछ और ज़रूरतें भी हैं। इसलिए इसके मॉडल को रि-डिज़ायन करके वहाँ के बाज़ार में उतारा जाएगा।

रतन टाटा के मुताबिक कम्पनी नैनो को सन 2011 तक यूरोपीय बाज़ार में उतारने को आशान्वित है। साथ ही यह भी आशा की जा रही है कि नैनो यूरोप में खरी उतरेगी।

कार के मूल्य को लेकर टाटा का कहना है –

"नैनो यूरोप में 1 लाख रु. या 2500 डॉलर की कार नहीं होगी। उस कार में एयर बैग्स के साथ-साथ यूरोपीय उपभोक्ताओं की चाहतानुसार सुरक्षा के सभी इंतजाम होंगे।"

टाटा की नैनो के चीन के बाज़ार तक पहुँचने की भी जल्द ही संभावनाएँ बनती नज़र आएँगी। टाटा के अनुसार भारतीय बाज़ार की ज़रूरतों से ही उनके हाथ भरे हुए थे। परन्तु भविष्य में चीनी बाज़ार में भी धावा बोला जाएगा।

सन 2011 तक नैनो का अपग्रेडेड वर्जन यूरोप और यूनाइटेड स्टेट्स में भी उपलब्ध होगा।

## नैनो : इसके तथ्य

नैनो 23 मार्च, 2009 को बाज़ार में लॉन्च की गई। कार के स्टैन्डर्ड और डीलक्स वर्जन बाज़ार में उपलब्ध होंगे। कार विभिन्न रंगों में उपलब्ध करवाई जाएँगी।

### स्टाइल के साथ-साथ आरामदायक

- नैनो को एक परिवार के जाने के लिए ध्यान में रखकर बनाया गया है। इसमें अच्छा खासा हेड-रूम और पैर रखने की जगह है।
- इस कार में चार लोग आराम से बैठ सकते हैं।
- इसकी लंबाई 3.1 मी., चौड़ाई 1.5 मी. और ऊँचाई 1.6 मी. है। यह कार भीड़-भाड़ वाले इलाके के साथ-साथ गांव व पहाड़ों पर भी आसानी से चलाई जा सकती है।

### कम ईंधन की खपत करने वाला इंजन

- नैनो में एल्युमीनियम, दो सिलेंडर, 623 सीसी, 33 पी.एस., ईंधन इन्जेक्शन पेट्रोल इंजन लगा हुआ है। पहली बार दो सिलेंडर पेट्रोल इंजन के साथ एक बैलेंसर शाफ्ट लगा है।
- इसके कम वज़न के कारण यह अधिक ईंधन इस्तेमाल करने का बल देता है।
- इसमें लगा इलेक्ट्रॉनिक इंजन गाड़ी को चलाने में मदद करता है।

### सुरक्षा की दृष्टि से 100 प्रतिशत खरी

नैनो सुरक्षा की दृष्टि से भी खरी उतरती है। इस पर मेट शीट का इस्तेमाल किया गया है। इसमें मजबूत सीटें, सीट बेल्ट, सिकुड़न मंडल, मजबूत दरवाज़े और लंगर-स्थल, दरवाज़ों पर चढ़े मजबूत शीशे सुरक्षा को ध्यान में रखकर लगाये गए हैं।

- इसमें इस्तेमाल टायर सुरक्षा सुरक्षा की दृष्टि से सवोत्तम हैं।

### पर्यावरण-प्रिय

- नैनो दुपहिया वाहनों से भी कम प्रदूषण फैलाती है।
- इस कार में कार्बन डाईऑक्साइड का उत्सर्जन कम होने से प्रदूषण कम होता है।

इसमें चार दरवाज़े के साथ लंबाई-3.1 मी., उँचाई-1.6 मी. और चौड़ाई 1.5 मी. है।

### नैनो की टीम

सन 2003 में टाटा की इंजीनियरिंग रिसर्च सेंटर की चार सदस्यों की टीम ने पूणे में 1 लाख रु. की सबसे सस्ती चौपहिया वाहन बनाने का कार्यभार प्रारंभ किया। गिरीश वाघ के नेतृत्व में यह टीम बढ़कर 500 सदस्यों की हो गई। इसमें इटली के ऑटोमोटिव इंजीनियरिंग के विकास संस्थान ने भी मदद की।

### नैनो यूरोपा

यह कार यूरोपियन बाज़ार में सन 2011 में उतारी जाएगी। इसकी लंबाई 3.29मी., चौड़ाई 1.58 मी., पहियों की जगह 2.28 मी. होगी। इसमें 3 सिलेंडर इंजन लगाए जाएंगे। एल्युमिनियम एम.पी.एफ.आई. इंजन, 5-स्पीड ऑटोमॅटिक ट्रान्समिशन, इलेक्ट्रिक पॉवर स्टीयरिंग, ए.बी.एस., ई.एस.पी. एवं एयर बैग्स होंगे।

## नैनो का वितरण

टाटा मोटर्स ने नैनो को 1,00,000 रु. में बनाकर उतारने का ऐलान मुंबई में किया था। कम्पनी की योजना नैनो को टाटा समूह के शॅपिंग मॉल्स एवं दुकानों पर 1 अप्रैल, 2009 तक उतारने एवं जुलाई 2009 से बेचने की है।

टाटा मोटर्स ने नैनो के तीन मॉडल तैयार किये हैं। स्टैंडर्ड मॉडल में एयर कंडीशनर या ब्रेक को बढ़ावा देने जैसा कुछ भी नहीं लगाया गया है। रतन टाटा ने लखटकिया नैनो को आम जनता तक पहुंचा कर अपना वादा निभाया। इसमें जहाज-मूल्य या किसी भी तरह का कर नहीं लगाया गया है। स्टैंडर्ड मॉडल एस 2 को 112, 735 रु. में बेचा जाएगा। यह पंतनगर उपकरण से तैयार की गई है। वहाँ के आसपास के इलाकों में इसे बेचा जाएगा। दिल्ली-मुंबई जैसे महानगरों के लिए बी.एस. 3 को 123,360 रु. और 134,250 रु. में वितरित किया जाएगा।

कार के स्टैंडर्ड मॉडल में विश्रामजनक सीट केवल चालक की सीट है।

अन्य सीटों को झुकाया नहीं जा सकता।

नैनो के दो उच्च मॉडल्स में वातानुकूलित सुविधा है। इसके साथ ही सी एक्स मॉडल में चालक सीट के साथ आगे की दूसरी सीट भी विश्राम जनक है। पीछे की सीटों पर सिर रखकर आराम करने की सुविधा भी है। इसके एल. एक्स मॉडल में पावर विंडोस और कप होल्डर भी इन सुविधाओं के साथ जुड़ जाते हैं। सी. एक्स की कीमत बी.एस.2 के साथ 1,39,780 रु. है। एल.एक्स(बी.एस. 3) के साथ 1,70,335 रु. की कीमत में उपलब्ध होंगे। मुंबई में सी.एक्स (बी.एस. 3) और एल.एक्स. (बी.एस. 3) की कीमत 1,60,320 रु. और 1,85,375 रु होगी।

नैनो में पीछे इंजन, रियर वील ड्राइव के साथ 624 सीसी के दो सिलेंडर इंजन हैं। इसका आयाम कुछ इस प्रकार है–3,099 (लंबाई), 1,495 (चौड़ाई), 1,652 मी. (ऊँचाई)। पहिये का स्थान 2,230 मि.मी. है।

इंजन की अत्यधिक उपज 35 पी.एस./ 5, 250 आर.पी.एस. और अत्यधिक टॉर्क 48 न्यूटन मी./2, 500-3,500 आर.पी.एम. है। इसके बेस मॉडल, सी. एक्स और एल. एक्स. मॉडल का भार 600 कि.ग्राम., 615 किलो ग्राम और 635 किलो ग्राम है। यह कार 23.6 कि.मी./ली. का माइलेज देती है। गाड़ी को मोड़ने में यह 4 मी. का अर्द्धगोला (रेडियस) लेती है।

वैसे तो नैनो का उत्पादन पश्चिम बंगाल के सिंगुर उपकरण से होना था, परन्तु वहाँ हुए किसानों के आंदोलन से टाटा को अपना उपकरण गुजरात के सनंद में स्थापित करना पड़ा। यहाँ से कार्य नौ महीने बाद प्रारंभ होगा।

तब तक नैनो का उत्पादन उत्तराखंड के पंतनगर उपकरण से होगा। पहले वर्ष में करीब 50,000 इकाईयों का उत्पादन होगा। सन 2010 में गुजरात में जब उपकरण पूर्ण रूप से स्थापित हो जाएगा। तब वहाँ से लगभग 3,50,000 कार प्रति वर्ष उत्पादित की जाएँगी।

❑

# 37

# रतन टाटा – इतिहास में अंकित एक विरासत

9 अक्टूबर 2024 को, भारत और पूरी दुनिया ने एक ऐसे महान व्यक्तित्व को विदाई दी, जिनका जीवन दृष्टि, विनम्रता और समाज के उत्थान के प्रति अपार प्रतिबद्धता का प्रतीक था। रतन नवल टाटा, जिन्होंने टाटा समूह का नेतृत्व किया, न केवल भारत की उद्योग जगत में, बल्कि समाज और मानवता की सेवा में भी अपनी अमिट छाप छोड़ी। यह अंतिम अध्याय इस महान नेता के जीवन और उनके प्रभाव को श्रद्धांजलि देता है, जो व्यवसाय और समाज दोनों में आने वाली पीढ़ियों को प्रेरित करता रहेगा।

**भारत के उद्योग का दिल**

28 दिसंबर1937 को मुंबई में जन्मे रतन टाटा का पालन-पोषण ऐसे मूल्यों के साथ हुआ जो ईमानदारी, विनम्रता और सेवा के प्रतीक थे। उनके जीवन का मिशन इन मूल्यों का प्रतिबिंब बन गया। 1962 में टाटा समूह में शामिल होने के बाद, उन्होंने विभिन्न चुनौतीपूर्ण भूमिकाएं निभाई, जिसमें नेशनल रेडियो एंड इलेक्ट्रॉनिक्स (NELCO) जैसी संकटग्रस्त कंपनियों को पुनर्जीवित करना भी शामिल था। लेकिन 1991 में जब उन्होंने टाटा संस के चेयरमैन का पद संभाला, तब उन्होंने वास्तव में भारतीय उद्योग में अपनी अमिट छाप छोड़ी।

रतन टाटा ने टाटा समूह को एक भारतीय-केंद्रित कंपनी से एक वैश्विक शक्ति में बदलने में महत्वपूर्ण भूमिका निभाई। उनके नेतृत्व में टाटा ने अंतरराष्ट्रीय स्तर पर कदम बढ़ाए और टेटली टी, जगुआर लैंड रोवर और कोरस स्टील जैसी प्रतिष्ठित कंपनियों का अधिग्रहण किया। हालांकि उनके व्यावसायिक उपलब्धियां अद्वितीय थीं, लेकिन यह उनकी नैतिकता, ईमानदारी और कॉर्पोरेट सामाजिक जिम्मेदारी के प्रति प्रतिबद्धता थी जिसने उनकी विरासत को परिभाषित किया।

**परोपकार: उनकी पहचान**

रतन टाटा के नेतृत्व की एक विशेषता उनकी परोपकार की अटूट भावना थी। उनके पूर्वजों की तरह, रतन का मानना था कि एक कंपनी की सफलता समाज के कल्याण से

मापी जानी चाहिए। टाटा ट्रस्ट्स, जो टाटा संस के 66% शेयरों को नियंत्रित करता है, के माध्यम से उन्होंने शिक्षा, स्वास्थ्य सेवा और ग्रामीण विकास पर केंद्रित अनेक पहलों का नेतृत्व किया।

COVID-19 महामारी के दौरान उन्होंने 500 करोड़ रुपये दान किए और कोलकाता में कैंसर उपचार के लिए टाटा मेडिकल सेंटर जैसी विश्व स्तरीय संस्थाएं स्थापित कीं, जिससे लाखों लोगों का जीवन प्रभावित हुआ। एक और हार्दिक परियोजना, जो उनके करुणामय स्वभाव को दर्शाती है, मुंबई में 2023 में भारत के पहले अत्याधुनिक छोटे पशु अस्पताल का उद्घाटन था।

वैश्विक स्तर पर, शिक्षा के प्रति उनके योगदान भी अत्यधिक महत्वपूर्ण थे। उन्होंने हार्वर्ड बिजनेस स्कूल को 50 मिलियन डॉलर का दान दिया, जिससे टाटा हॉल की स्थापना हुई, जो उनके विश्वास को दर्शाता है कि शिक्षा भविष्य के नेताओं को आकार देने में सक्षम है।

**एक दूरदर्शी जिसने बड़े सपने देखे**

रतन टाटा का सपना आम आदमी के लिए सस्ती परिवहन सेवा लाने का था, जिसके परिणामस्वरूप 2008 में टाटा नैनो का निर्माण हुआ, जिसे दुनिया की सबसे सस्ती कार के रूप में जाना जाता है। यह उनकी नवाचार की प्रतिबद्धता का प्रतीक बन गया। उन्होंने एक बार कहा था, "एक वादा, एक वादा है", और चुनौतियों के बावजूद, उन्होंने नैनो को वादा किए गए 1 लाख रुपये की कीमत पर लॉन्च किया।

उनका दूरदर्शी नेतृत्व केवल ऑटोमोबाइल तक सीमित नहीं था। पेटीएम, ओला और लेंसकार्ट जैसे स्टार्ट-अप्स में उनके निवेश ने यह साबित किया कि वे नवाचार को प्रोत्साहित करने में विश्वास रखते थे। ये उद्यम, जो अब भारतीय जीवन का अभिन्न अंग बन चुके हैं, उनके दूरदर्शी दृष्टिकोण का प्रतीक हैं।

**श्रद्धांजलि: हर ओर से सम्मान**

उनके निधन के बाद, सोशल मीडिया पर राजनीतिक नेताओं, हस्तियों और व्यापारिक आइकन द्वारा श्रद्धांजलि की बाढ़ आ गई। सभी ने रतन टाटा के अनमोल योगदान को सम्मानित किया।

प्रधानमंत्री नरेंद्र मोदी ने अपनी गहरी संवेदना व्यक्त करते हुए कहा, "रतन टाटा भारतीय उद्योग के एक महान व्यक्ति थे, जिनके योगदान ने एक अमिट छाप छोड़ी है। उनकी विरासत भविष्य की पीढ़ियों को प्रेरित करती रहेगी।"

कांग्रेस अध्यक्ष मल्लिकार्जुन खड़गे ने उन्हें "भारत का अमूल्य पुत्र" कहा और उनके समावेशी विकास और नैतिक नेतृत्व की प्रशंसा की।

RSS प्रमुख मोहन भागवत ने टाटा को "अनमोल रत्न" के रूप में वर्णित किया और उनकी सादगी और राष्ट्र निर्माण में उनके योगदान की सराहना की।

तमिलनाडु के मुख्यमंत्री एम.के. स्टालिन ने रतन टाटा को भारतीय उद्योग के "सच्चे दिग्गज" के रूप में वर्णित किया, जिन्होंने नैतिक व्यापार प्रथाओं के लिए वैश्विक मानक स्थापित किए।

सोशल मीडिया पर भी श्रद्धांजलि दी गई :-

- **महेश बाबू :** "आज हम उद्योग के एक दिग्गज और मानवता के एक प्रकाश स्तंभ को अलविदा कहते हैं। श्री रतन टाटा की उदारता, बुद्धिमत्ता और समाज के प्रति उनकी अटूट प्रतिबद्धता ने दुनिया पर अमिट छाप छोड़ी है। उनकी आत्मा हमेशा जीवित रहेगी।"
- **अजय देवगन :** "दुनिया ने एक दूरदर्शी व्यक्ति को खो दिया है। रतन टाटा की विरासत आने वाली पीढ़ियों को प्रेरित करती रहेगी। उनकी सेवाएं अपार थीं।"
- **प्रियंका चोपड़ा :** "आपकी दया ने लाखों लोगों के जीवन को छुआ। आपकी नेतृत्व और उदारता की विरासत पीढ़ियों तक प्रेरणा देती रहेगी।"
- **कमल हासन :** "रतन टाटा मेरे व्यक्तिगत नायक थे। मैंने हमेशा उनकी मूल्य प्रणाली को अपनाने की कोशिश की।"
- **रणदीप हुड्डा :** "भारत के सबसे मूल्यवान व्यक्ति, न केवल उनकी अपार संपत्ति के लिए, बल्कि उनके मूल्यवान सिद्धांतों के लिए भी।"

इन श्रद्धांजलियों ने रतन टाटा के प्रति लोगों के गहरे सम्मान और प्रशंसा को उजागर किया, न केवल एक व्यवसायी के रूप में, बल्कि एक दयालु मानव के रूप में भी।

## एक वैश्विक आइकन

रतन टाटा का वैश्विक प्रभाव अपार था। व्यवसायों से लेकर परोपकार तक, उन्हें भारतीय उद्योग का सबसे प्रतिष्ठित प्रतिनिधि माना जाता था। उनके नेतृत्व में, टाटा समूह की आय 1991 में 5 बिलियन डॉलर से बढ़कर 2011-12 तक 100 बिलियन डॉलर से अधिक हो गई।

अपने जीवनकाल में उन्हें पद्म भूषण (2000) और पद्म विभूषण (2008) जैसे उच्चतम नागरिक सम्मान मिले। वैश्विक स्तर पर, उनकी प्रतिष्ठा को और बल तब मिला जब Forbes ने उन्हें "भारत के ओबामा" के रूप में वर्णित किया, जो उनके राष्ट्रीय परिवर्तन को प्रेरित करने की क्षमता का प्रतीक था।

**एक विरासत जो अमर है**

टाटा संस के चेयरमैन पद से 2012 में हटने के बाद भी, रतन टाटा ने टाटा समूह के साथ चेयरमैन एमेरिटस के रूप में अपनी प्रभावशाली भूमिका निभाई। वह लगातार समूह को मार्गदर्शन देते रहे और इसके परोपकारी प्रयासों का समर्थन करते रहे। उनकी उपस्थिति हर महत्वपूर्ण पहल में महसूस की जाती थी, और उनका ध्यान हमेशा जरूरतमंदों को ऊपर उठाने पर केंद्रित रहा।

जैसा कि दुनिया उनके निधन पर शोक व्यक्त कर रही है, रतन टाटा की विरासत एक अग्रणी नेता, दूरदर्शी परोपकारी और दयालु व्यक्ति के रूप में हमेशा जीवित रहेगी। उनका जीवन न केवल व्यापारिक उपलब्धियों के लिए बल्कि उनके द्वारा लाए गए करुणा, विनम्रता और सहानुभूति के लिए हमेशा याद किया जाएगा।

उनके अपने शब्दों में, "यदि आप तेज चलना चाहते हैं, तो अकेले चलें। लेकिन अगर आप दूर तक चलना चाहते हैं, तो साथ चलें।" रतन टाटा ने बहुत दूर तक चलकर एक ऐसी विरासत छोड़ी, जिसमें उनके साथ लाखों लोग चले, जिनका जीवन उन्होंने बेहतर बनाया।

इस पुस्तक के माध्यम से रतन टाटा के जीवन का वर्णन करते हुए यह स्पष्ट होता है कि उनका प्रभाव व्यवसाय से बहुत आगे तक फैला हुआ था। उन्होंने न केवल उद्योगों का निर्माण किया, बल्कि जीवन को भी बदला और नैतिक नेतृत्व के लिए एक नई मिसाल स्थापित की। उनकी विरासत आने वाली पीढ़ियों को प्रेरित करती रहेगी।

जी हाँ, रतन टाटा के निधन पर और भी कई प्रमुख हस्तियों ने दिल से श्रद्धांजलि अर्पित की। सभी ने उनके असाधारण योगदान और प्रभाव की सराहना की।

1. **एन. चंद्रशेखरन**, टाटा संस के चेयरमैन, ने रतन टाटा की गहरी छाप को याद करते हुए कहा :-
   "श्री टाटा के नेतृत्व में टाटा समूह का कायाकल्प हुआ। उनके दृष्टिकोण और नैतिक व्यापार प्रथाओं के प्रति उनकी प्रतिबद्धता ने संगठन के हर पहलू पर गहरी छाप छोड़ी है। वे सिर्फ एक नेता नहीं थे, बल्कि एक मार्गदर्शक और संरक्षक थे। उनकी विरासत हमें आने वाली पीढ़ियों तक प्रेरित करती रहेगी।"
2. **आनंद महिंद्रा**, महिंद्रा समूह के चेयरमैन, ने भावपूर्ण श्रद्धांजलि दी :-
   "रतन टाटा का निधन एक युग का अंत है। वे उन दुर्लभ व्यक्तियों में से थे, जिनका व्यापार में योगदान उतना महत्वपूर्ण नहीं था जितना उनके मूल्यों और समाज सेवा के प्रति समर्पण का था। उन्होंने हमें यह विश्वास दिलाया कि अच्छा व्यापार और अच्छा समाज निर्माण साथ-साथ चल सकते हैं।"

3. **शशि थरूर**, राजनेता और लेखक, ने ट्वीट किया :-

"रतन टाटा की प्रतिभा उनकी शांत शक्ति और विनम्रता में निहित थी। उन्होंने भारतीय व्यापार परिदृश्य को बदल दिया और हमें एक ऐसा नेतृत्व मॉडल दिया जो करुणा और सफलता को साथ लेकर चलता है। उनका परोपकार अतुलनीय है, और उनकी विरासत सदियों तक जीवित रहेगी।"

4. **मुकेश अंबानी**, रिलायंस इंडस्ट्रीज के चेयरमैन, ने कहा :-

"रतन टाटा हमारे लिए एक आदर्श थे। उनका दृष्टिकोण केवल व्यापार तक सीमित नहीं था, बल्कि राष्ट्र निर्माण और जीवन सुधार के प्रति उनकी गहरी प्रतिबद्धता भी थी। वे भारतीय अर्थव्यवस्था के स्तंभ थे, और उनका परोपकार आज भी हमारी प्रेरणा बना हुआ है।"

5. **सुंदर पिचाई**, गूगल के सीईओ, ने अपने विचार साझा करते हुए कहा :-

"रतन टाटा एक वैश्विक आइकन थे जिन्होंने दिल से नेतृत्व किया। उनका समाज कल्याण और नवाचार के प्रति ध्यान केवल भारत में ही नहीं, बल्कि पूरे विश्व में प्रेरणादायक रहा। उन्होंने दिखाया कि व्यापारिक सफलता और सामाजिक कल्याण एक साथ चल सकते हैं।"

6. **नारायण मूर्ति**, इंफोसिस के संस्थापक, ने लिखा :-

"रतन टाटा नैतिकता और नेतृत्व के प्रतीक थे। उनके जीवन का हर पहलू समाज की बेहतरी के लिए समर्पित था। उनके द्वारा किए गए परोपकारी कार्य लाखों लोगों के जीवन में बदलाव लाए हैं। उनकी सादगी और विनम्रता हमें सदैव प्रेरित करती रहेगी।"

7. **बिल गेट्स**, माइक्रोसॉफ्ट के सह-संस्थापक, ने याद किया :-

"रतन टाटा का नेतृत्व और परोपकार दुनिया भर में लाखों लोगों का जीवन बदलने वाला रहा है। उनके नेतृत्व में टाटा ट्रस्ट्स ने शिक्षा और स्वास्थ्य सेवा के क्षेत्र में जो योगदान दिया है, वह अमूल्य है। उनका निधन एक बड़ी क्षति है, लेकिन उनका योगदान दुनिया को बेहतर बनाता रहेगा।"

8. **जेफ बेजोस**, अमेज़न के सीईओ, ने ट्वीट किया :-

"रतन टाटा एक ऐसे बिजनेस टाइकून थे जिनकी करुणा और मानवता ने उन्हें दूसरों से अलग बनाया। उन्होंने दिखाया कि एक उद्यमी होने के साथ-साथ एक परोपकारी होना भी कितना महत्वपूर्ण है। उन्होंने मुझे प्रेरित किया, और मैं उनके उदाहरण के लिए आभारी हूं।"

9. **सचिन तेंदुलकर**, क्रिकेट के दिग्गज, ने श्रद्धांजलि दी :-

"रतन टाटा की दयालुता, विनम्रता और नेतृत्व ने उन्हें सबसे अलग बनाया। उन्होंने

देश और दुनिया के उत्थान के लिए जो कार्य किए, वे अद्वितीय हैं। वे हमेशा प्रेरणा के रूप में याद किए जाएंगे।"

10. **दीपक पारेख**, एचडीएफसी के चेयरमैन, ने रतन टाटा के व्यक्तित्व की सराहना करते हुए कहा :-

"रतन टाटा सिर्फ एक उद्योगपति नहीं थे, वे एक राष्ट्र निर्माता थे। उनके नेतृत्व के सिद्धांत, सादगी और ईमानदारी ने टाटा समूह को नई ऊंचाइयों पर पहुंचाया। उनके कामों का प्रभाव आने वाली पीढ़ियों तक महसूस किया जाता रहेगा।"

ये सभी श्रद्धांजलियां रतन टाटा के प्रति गहरे सम्मान और प्रशंसा को दर्शाती हैं। वे केवल एक औद्योगिक दिग्गज नहीं थे, बल्कि एक ऐसे व्यक्ति थे जिनकी नैतिकता, विनम्रता और करुणा ने दुनिया को बेहतर बनाने में मदद की। उनकी विरासत हमेशा जीवित रहेगी।

## रतन टाटा की विरासत

रतन टाटा की विरासत केवल एक सफल कारोबारी साम्राज्य के निर्माण तक सीमित नहीं है। उनकी सबसे बड़ी विरासत उनके सिद्धांत, मानवीयता, समाज सेवा और नैतिक नेतृत्व में निहित है। उन्होंने जो आदर्श स्थापित किए, वे न केवल भारतीय उद्योग बल्कि वैश्विक स्तर पर भी व्यापारिक नेताओं और उद्यमियों के लिए प्रेरणास्रोत हैं। उनकी विरासत कई महत्वपूर्ण पहलुओं में फैली हुई है:

### 1. वैश्विक व्यापार साम्राज्य का निर्माण

रतन टाटा के नेतृत्व में टाटा समूह एक भारतीय कंपनी से एक वैश्विक औद्योगिक शक्ति में बदल गया। उनके नेतृत्व में किए गए बड़े अधिग्रहण, जैसे जगुआर लैंड रोवर और कोरस स्टील, ने न केवल टाटा समूह की वैश्विक पहचान को मजबूत किया, बल्कि उन्होंने भारतीय कंपनियों के लिए अंतर्राष्ट्रीय बाजारों में प्रवेश के द्वार खोल दिए।

रतन टाटा ने दिखाया कि भारतीय कंपनियां भी अंतरराष्ट्रीय स्तर पर प्रतिस्पर्धा कर सकती हैं और सफल हो सकती हैं। उनकी इस दृष्टि ने टाटा समूह को एक वैश्विक औद्योगिक प्रतिष्ठान में बदल दिया, जिसकी आय 1991 में $5 बिलियन से बढ़कर 2011-12 में $100 बिलियन तक पहुँच गई।

### 2. परोपकार और समाज सेवा

रतन टाटा की विरासत में उनका परोपकारी दृष्टिकोण विशेष रूप से महत्वपूर्ण है। उन्होंने अपने पूर्वजों की परोपकारी परंपराओं को आगे बढ़ाते हुए समाज के कमज़ोर और

पिछड़े वर्गों की मदद के लिए अनेकों कदम उठाए। उनके नेतृत्व में टाटा ट्रस्ट्स ने शिक्षा, स्वास्थ्य सेवा, ग्रामीण विकास और पर्यावरण संरक्षण के क्षेत्रों में बड़े पैमाने पर योगदान दिया।

विशेष रूप से कोविड-19 महामारी के दौरान, रतन टाटा ने टाटा ट्रस्ट्स के माध्यम से 500 करोड़ का योगदान दिया, जिससे यह दिखाया कि वे हमेशा समाज के कल्याण के प्रति प्रतिबद्ध थे। टाटा मेडिकल सेंटर, जो कैंसर रोगियों के लिए कोलकाता में स्थापित किया गया, और मुंबई में पहला पशु अस्पताल खोलना, यह सब उनकी मानवीय संवेदनशीलता और करुणा का प्रतीक हैं।

### 3. नैतिक और जिम्मेदार नेतृत्व

रतन टाटा का नेतृत्व नैतिकता और जिम्मेदारी पर आधारित था। उन्होंने हमेशा यह सुनिश्चित किया कि व्यापारिक लाभ सामाजिक और पर्यावरणीय जिम्मेदारियों के साथ संतुलित हो। उन्होंने कंपनी की सफलता को समाज के कल्याण से जोड़ा और यह सुनिश्चित किया कि टाटा समूह की सभी कंपनियां कॉर्पोरेट सामाजिक जिम्मेदारी (CSR) के तहत समाज की सेवा के प्रति प्रतिबद्ध रहें।

रतन टाटा का मानना था कि एक कंपनी की सच्ची सफलता केवल उसके मुनाफे में नहीं, बल्कि उसके समाज पर पड़ने वाले सकारात्मक प्रभाव में निहित होती है। उन्होंने यह सुनिश्चित किया कि टाटा समूह के व्यवसायों में पर्यावरणीय स्थिरता और समाज कल्याण को सर्वोच्च प्राथमिकता दी जाए।

### 4. भारतीय नवाचार का प्रतीक

रतन टाटा ने टाटा इंडिका और टाटा नैनो जैसी कारों के माध्यम से भारतीय ऑटोमोबाइल उद्योग में नवाचार को बढ़ावा दिया। उनका उद्देश्य था कि हर भारतीय परिवार के पास एक कार हो, और इसी सोच के परिणामस्वरूप दुनिया की सबसे सस्ती कार टाटा नैनो का निर्माण हुआ। हालांकि टाटा नैनो व्यावसायिक रूप से सफल नहीं हो पाई, लेकिन इसने दिखाया कि रतन टाटा ने हमेशा आम जनता के लिए नवाचार को सुलभ बनाने का प्रयास किया।

### 5. भारत के स्टार्टअप इकोसिस्टम को समर्थन

रतन टाटा का भारतीय स्टार्टअप्स के प्रति विश्वास और उनका निवेश भी उनकी विरासत का एक महत्वपूर्ण हिस्सा है। पेटीएम, ओला, स्नैपडील, लेंसकार्ट और फर्स्टक्राई जैसे उभरते स्टार्टअप्स में उनके निवेश ने दिखाया कि वे नवाचार और उद्यमिता के प्रबल समर्थक थे। उन्होंने नई पीढ़ी के उद्यमियों को प्रोत्साहित किया और उनकी सफलता में अहम भूमिका निभाई।

### 6. मानवीयता और विनम्रता

रतन टाटा की विनम्रता और दयालुता ने उन्हें एक असाधारण व्यवसायी के साथ-साथ एक महान इंसान भी बनाया। उनकी सफलता के बावजूद, वे हमेशा सादगी और विनम्रता के प्रतीक रहे। 2021 में, जब उन्होंने एक बीमार कर्मचारी से मिलने के लिए मुंबई से पुणे का सफर किया, तो यह घटना उनके मानवीय दृष्टिकोण को दर्शाती है।

उनकी यह सोच कि "अगर आप तेजी से चलना चाहते हैं, तो अकेले चलिए। लेकिन अगर आप दूर तक जाना चाहते हैं, तो साथ चलिए," उनके जीवन के मूल्यों का सारांश है। वे न केवल एक प्रभावशाली नेता थे, बल्कि एक ऐसे व्यक्ति भी थे जो हर किसी से व्यक्तिगत स्तर पर जुड़ते थे और उनकी मदद के लिए हमेशा तैयार रहते थे।

### 7. टाटा ट्रस्ट्स का नेतृत्व और सामाजिक प्रभाव

रतन टाटा के नेतृत्व में टाटा ट्रस्ट्स ने समाज में स्थायी बदलाव लाने के लिए कई पहलें कीं। उनकी परोपकारी गतिविधियाँ न केवल भारत में बल्कि दुनिया भर में प्रसिद्ध हैं। टाटा ट्रस्ट्स ने शिक्षा, स्वास्थ्य, पोषण और ग्रामीण विकास के क्षेत्र में महत्वपूर्ण योगदान दिया।

उनकी अगुवाई में शुरू की गई इंटरनेट साथी और लखपति किसान जैसी परियोजनाएँ गरीब और ग्रामीण समुदायों के लिए बहुत लाभदायक साबित हुईं। टाटा ट्रस्ट्स की ये पहलकदमियाँ भारत में सतत विकास लक्ष्यों (SDGs) को प्राप्त करने में महत्वपूर्ण भूमिका निभा रही हैं।

### 8. वैश्विक सम्मान और मान्यता

रतन टाटा को उनकी दूरदर्शिता और सामाजिक प्रतिबद्धता के लिए वैश्विक स्तर पर सम्मानित किया गया। उन्हें भारत के सर्वोच्च नागरिक सम्मान पद्म भूषण (2000) और पद्म विभूषण (2008) से नवाज़ा गया। उनकी इस वैश्विक प्रतिष्ठा ने उन्हें न केवल भारत बल्कि पूरे विश्व में एक आदर्श नेतृत्वकर्ता के रूप में स्थापित किया।

रतन टाटा की सादगी और विनम्रता उनके व्यक्तित्व का विशेष हिस्सा थी, जो उन्हें दुनिया के सबसे प्रभावशाली लोगों में से एक बनाता है।

रतन टाटा की विरासत एक सच्चे नेता और मानवता के प्रतीक के रूप में अमर है। उन्होंने न केवल एक व्यापारिक साम्राज्य का निर्माण किया, बल्कि समाज के प्रति अपनी जिम्मेदारी को हमेशा सबसे ऊपर रखा। उनके नेतृत्व ने दिखाया कि सफलता केवल मुनाफे में नहीं, बल्कि समाज के उत्थान और विकास में होती है। उनका जीवन, उनकी नैतिकता और उनके कार्य भारतीय उद्योग, समाज और दुनिया के लिए हमेशा प्रेरणास्रोत रहेंगे।

रतन टाटा की विरासत में उनका व्यापारिक कौशल, परोपकारी दृष्टिकोण, समाज के प्रति जिम्मेदारी और उनकी मानवीयता सब शामिल हैं। उन्होंने हमें यह सिखाया कि एक सफल व्यक्ति वह है जो समाज को बेहतर बनाए, और यही उनकी सबसे बड़ी विरासत है।

रतन टाटा की सफलता केवल व्यावसायिक उपलब्धियों तक सीमित नहीं है। उन्होंने यह साबित किया कि नैतिकता, करुणा और परोपकार के साथ भी व्यापारिक दुनिया में अपार सफलता हासिल की जा सकती है। उनके नेतृत्व ने न केवल टाटा समूह को वैश्विक स्तर पर स्थापित किया, बल्कि भारतीय उद्योग को भी एक नई दिशा दी। उनकी सोच, दृष्टिकोण और नेतृत्व शैली आने वाली पीढ़ियों के लिए प्रेरणास्रोत बने रहेंगे।

रतन टाटा की सफलता का असली सार उनकी दूरदृष्टि, समाज सेवा के प्रति उनकी प्रतिबद्धता और उनके नेतृत्व में निहित है, जो उन्हें न केवल भारत बल्कि पूरी दुनिया में एक महान व्यक्तित्व के रूप में स्थापित करता है। उनका जीवन यह संदेश देता है कि सच्ची सफलता केवल मुनाफे में नहीं, बल्कि समाज को बेहतर बनाने और दुनिया को एक बेहतर जगह बनाने में होती है

रतन टाटा की सफलता एक असाधारण यात्रा है, जिसने न केवल भारतीय उद्योग को नई ऊंचाइयों पर पहुंचाया, बल्कि वैश्विक स्तर पर भी भारत की पहचान को मजबूत किया। उनकी व्यावसायिक उपलब्धियों, परोपकारी कार्यों, और नैतिक नेतृत्व ने उन्हें न केवल एक सफल उद्योगपति बल्कि एक महान मानव भी बनाया।

उनकी सफलता का सबसे महत्वपूर्ण पहलू यह था कि उन्होंने कभी भी व्यवसाय को समाज से अलग नहीं किया। उनके लिए सफलता का मतलब था समाज की बेहतरी, लोगों की सेवा और नैतिकता का पालन। यही कारण है कि उनकी सफलता केवल आर्थिक आंकड़ों तक सीमित नहीं है, बल्कि उनके द्वारा किए गए सामाजिक योगदान और लोगों के जीवन पर उनके प्रभाव में निहित है।

रतन टाटा की सफलता की यह कहानी हमें सिखाती है कि सच्ची सफलता केवल मुनाफे में नहीं, बल्कि समाज के उत्थान और कल्याण में होती है। उनके नेतृत्व और सिद्धांत आने वाली पीढ़ियों के लिए हमेशा प्रेरणास्रोत रहेंगे।

○○○